Inhalt

100% übersichtlich

Erleben Sie Stockholms schönste Viertel auf sechs Spaziergängen. Jeder der Spaziergänge wird in einem eigenen Kapitel beschrieben, an dessen Ende Sie eine detaillierte Stadtteilkarte mit dem Routenverlauf finden. Auf der Karte in der vorderen Umschlagklappe erhalten Sie einen Überblick über die Lage der jeweiligen Stadtteile. Zusätzlich haben wir dort, markiert mit den Buchstaben (A) bis (K) weitere Highlights aufgeführt, die außerhalb der Spaziergänge liegen.

In den sechs Spaziergangskapiteln erfahren Sie, welche Sehenswürdigkeiten Sie entdecken können und wo man gut essen, trinken, shoppen, feiern und relaxen kann. Jede Adresse ist mit einer Nummer gekennzeichnet, die Sie im Stadtteilplan am Ende des jeweiligen Kapitels wiederfinden. An der Farbgebung der Nummer erkennen Sie, zu welcher Kategorie die jeweilige Adresse gehört:

Sehenswürdigkeiten	Shoppen
Essen & Trinken	Stockholm live

SECHS SPAZIERGÄNGE

Jeder Spaziergang dauert – ohne Besuch der genannten Adresse – etwa drei Stunden. Die Länge der Strecke (in km) finden Sie über der Wegbeschreibung und auf den einzelnen Stadtteilplänen sehen Sie den genauen Verlauf der Route. Die Beschreibung neben dem Stadtplan führt Sie entlang der Sehenswürdigkeiten zu den schönsten Adressen. So entdecken Sie fast nebenbei die besten Shopping-Gelegenheiten, die nettesten Restaurants und die angesagtesten Cafés und Bars. Wer irgendwann keine Lust mehr hat, der Route zu folgen, kann mit Hilfe der ausführlichen Tipps und Pläne auch wunderbar auf eigene Faust losziehen.

PREISANGABEN BEI CAFÉS UND RESTAURANTS

Um Ihnen eine Vorstellung von den Preisen in den Cafés und Restaurants zu geben, finden Sie bei diesen Adressen auch Preise. Die Angaben bei den Restaurants nennen – wenn nicht anders verzeichnet – den Durchschnittspreis eines Hauptgerichts. Bei Cafés ist dies der Preis für ein Sandwich oder eine kleine Mahlzeit.

SPAZIERGANG 1 GAMLA STAN, RIDDARHOLMEN & HELGEANDSHOLMEN

Obwohl die Altstadt sehr überlaufen ist, muss man sie gesehen haben. Denn hier hat die Geschichte Stockholms ihren Ursprung. Schlendern Sie durch schmale Gassen und bewundern Sie prachtvolle Gebäude aus dem 17. Jahrhundert und das königliche Schloss.

SPAZIERGANG 2 NORRMALM

In Norrmalm liegen das Geschäftszentrum und die Shoppingmeile von Stockholm. Man findet hier moderne Bürogebäude, bekannte Ladenketten, große Einkaufszentren und viele Hotels, dazwischen schöne Plätze und stattliche alte Häuser. Auch das Kulturangebot ist beeindruckend.

SPAZIERGANG 3 ÖSTERMALM

Vornehme Boulevards, breite Alleen und prächtige Fassaden zieren dieses schicke Stadtviertel. In Biblioteksgatan präsentieren sich die exklusiven Shops der großen Marken. Besuchen Sie eines der vielen Restaurants oder machen Sie am beliebten Stureplan die Nacht zum Tag.

SPAZIERGANG 4 SÖDERMALM

Kleine Straßen mit alten Arbeiterhäusern aus Holz und herrliche Ausblicke sind typisch für diese Insel. Die trendigen Läden, netten Cafés und guten Restaurants in SoFo und die Gegend rund um Mariatorget machen Södermalm zum Treffpunkt von Studenten, Künstlern und Bohemiens.

SPAZIERGANG 5 VASASTAN & KUNGSHOLMEN

Diese beiden Viertel sind keine Touristenmagnete, aber auf jeden Fall einen Besuch wert. Die Stockholmer reißen sich um die begehrten Wohnungen, und ausgehen kann man hier auch bestens. Das Stadshuset, das vielleicht bekannteste Gebäude von Stockholm, steht in Kungsholmen.

SPAZIERGANG 6 DJURGÅRDEN & SKEPPSHOLMEN

Djurgården gehört zum sogenannten Ekoparken und ist Teil eines einzigartigen Naturschutzgebietes mitten in der Stadt: perfekt zum Spazierengehen, Radfahren und Picknicken. Aber auch zum Kulturschnuppern: Die berühmtesten Museen liegen in Djurgården und Skeppsholmen.

100% STOCKHOLM

In Stockholm gibt es viel zu erleben – doch wo fängt man am besten an? Natürlich möchten Sie durch Gamla Stan schlendern, das Vasa-Schiff im Vasamuseet ansehen und das Freiluftmuseum Skansen besuchen, am Wasser entlangspazieren, schwedisches Design entdecken und die Stadt von einem der grandiosen Aussichtspunkte aus bewundern. Sie möchten aber auch einen *fika* genießen, einen Wein auf einer schwimmenden Terrasse trinken oder in SoFo shoppen. 100% Stockholm zeigt Ihnen, was Sie auf keinen Fall verpassen sollten. Sightseeing & Shopping, Ausgehen & Abenteuer – die übersichtlichen Stadtpläne weisen Ihnen den Weg.

GUT ZU WISSEN

Für Schweden ist das Mittagessen vielleicht die wichtigste Mahlzeit des Tages. Viele Restaurants und Cafés bieten günstige Mittagsgerichte an (*dagens lunch*), bestehend aus einer warmen Mahlzeit mit Brot, Salat, Wasser oder Erfrischungsgetränk sowie Kaffee oder Tee zum Abschluss. Ein Mittagessen oder eine *fika* bestellt man an der Bar.

Freitags und samstags kann es in den Restaurants sehr voll sein, vor allem am letzten Wochenende des Monats, wenn die Gehälter ausgezahlt wurden. Eine (online) Reservierung für ein Abendessen ist dann unbedingt erforderlich. Ein Trinkgeld ist nicht vorgeschrieben, wird aber natürlich gern gesehen. Das Aufrunden der Rechnung, wenn Sie zufrieden sind, ist ausreichend.

Aufgrund der strengen Alkoholgesetze gibt es hier keine Kneipen, wie wir sie kennen, sondern Lokale, die man am besten mit "Restaurant-Bar" umschreibt. Alkohol darf nur ausgeschenkt werden, wenn auch Speisen angeboten werden. Natürlich findet man in Stockholm auch Clubs, Cafés, Kinos und Theater, und zurzeit sind Hotelbars en vogue. Diverse Hotels holen sich am Freitag- und Samstagabend einen DJ ins Haus.

Obwohl Schweden Mitglied in der EU ist, bezahlt man hier nicht mit Euro, sondern mit der schwedischen Krone (SEK). 1 Euro sind etwa 9,50 SEK. Eine Kreditkarte wird fast überall akzeptiert, auch für kleinere Beträge.

TYPISCH STOCKHOLM

Stockholm ist im Winter ganz anders als im Sommer, doch beide Jahreszeiten haben ihren Charme. Durch die nördliche Lage der Stadt ist der Tageslängenunterschied zwischen Sommer und Winter sehr groß. Im Dezember geht die Sonne bereits um 15 Uhr unter, im Juni dagegen erst nach 22 Uhr, und dann wird es nicht einmal richtig dunkel. Im Winter ist die Stadt oft tief verschneit, und an verschiedenen Orten in der Stadt sind Eisbahnen geöffnet. Im Sommer spielt sich das Leben draußen ab: Die Straßencafés sind voll und sämtliche Attraktionen sind geöffnet. Die Öffnungszeiten von Museen variieren zwischen Winter und Sommer. Im Juli und August sind manche kleinere Läden und Restaurants eine Woche oder länger wegen Urlaub geschlossen. Auch in der Zeit von Weihnachten bis Ende Januar haben manche Restaurants zu. Wenn Sie Pech haben, betrifft dies auch Lokale aus diesem Cityguide.

GESETZLICHE FEIERTAGE

Neben den beweglichen Feiertagen Karfreitag, Ostern, Christi Himmelfahrt und Pfingstmontag kennt Schweden die folgenden offiziellen Feiertage:

1. Januar > Neujahr
6. Januar > Trettondagen (Dreikönigstag)
1. Mai > Tag der Arbeit & Valborg (Walpurgisnacht)
6. Juni > Nationalfeiertag
Freitag nach dem 21. Juni > Midsommar
24. Dezember > Heiligabend
25. Dezember > Erster Weihnachtstag
26. Dezember > Zweiter Weihnachtstag
31. Dezember > Silvester

Am Nachmittag vor einem offiziellen Feiertag haben die meisten Schweden ebenfalls frei. Am Abend vor Valborg wird mit großen Feuern, Feuerwerk und Chorgesang der Winter verabschiedet und der Frühling eingeläutet. Sie können dieses Fest vielerorts in der Stadt mitfeiern, unter anderem in Skansen. Am ersten Wochenende nach dem 21. Juni wird Midsommar gefeiert, ein Fest, das sich meistens im Familienkreis und in Sommerhäusern auf dem Land abspielt. In Stockholm sind dann viele Läden, Museen und Restaurants geschlossen. In Skansen wird das Fest traditionell mit Maibaum, Gesang und Tanz begangen. Auch auf einigen Inseln im Skärgård wird Midsommar gefeiert.

HABEN SIE NOCH TIPPS?

Wir haben diesen Reiseführer mit großer Sorgfalt zusammengestellt. Da das Angebot an Geschäften und Restaurants in Stockholm jedoch regelmäßig wechselt, kann es sein, dass eine Empfehlung nicht mehr existiert. Besuchen Sie in diesem Fall oder wenn Sie andere Anmerkungen oder Fragen zu 100% Stockholm haben, unsere Website *www.100travel.de* oder schreiben Sie uns an *info@momedia.com*. Wir freuen uns über Ihre Hinweise, neue Tipps und natürlich auch Fotos. Posten Sie diese gerne auf unserer facebook fanpage: *facebook.com/100travel*.

Last but not least möchten wir noch bemerken, dass keine der vorgestellten Adressen für ihre Erwähnung bezahlt hat, weder für den Text noch für die Fotos. Alle Texte wurden von einer unabhängigen Redaktion geschrieben.

Unterwegs

ANREISE

Der nationale **Flughafen** von Schweden, Arlanda, liegt etwa 40 Kilometer nördlich von Stockholm. Mit dem **Arlanda Express** (*www.arlandaexpress.com*) sind Sie in 20 Minuten im Zentrum von Stockholm. Der Zug fährt alle 10 bis 15 Minuten und eine Hin- und Rückfahrkarte kostet 490 SEK. Am Wochenende und im Sommer gibt es oft Angebote. Eine günstigere Alternative ist der Bus von **Flygbussarna** (*www.flygbussarna.se*). Dieser fährt genauso oft, aber die Fahrt dauert 40 Minuten. Eine Hin- und Rückfahrkarte kostet 210 SEK. Beide können online gebucht werden, was zu empfehlen ist, denn meistens sind die Tickets billiger und die Warteschlangen an den Schaltern können sehr lang sein.

Die günstigen Charterflüge landen in Skavsta, etwa 100 Kilometer von der schwedischen Hauptstadt entfernt. Auch von dort können Sie mit Flygbussarna nach Stockholm fahren. Die Fahrt dauert etwa 80 Minuten und die Busse fahren im Allgemeinen alle halbe Stunde. Eine Rückfahrkarte kostet 278 SEK.

ÖFFENTLICHE VERKEHRSMITTEL

Der öffentliche Nahverkehr in Stockholm funktioniert gut, sämtliche **U-Bahnen** (*tunnelbana* und *t-bana*), **Busse** und **Pendelzüge** fahren unter der Flagge von Storstockholms Lokaltrafik (SL). Hinten im Buch befindet sich ein Netzplan der U-Bahn. Stockholm ist in drei Zonen aufgeteilt. In Zone A können Sie mit zwei Streifen (Einzelticket 36 SEK) 75 Minuten lang unbegrenzt fahren. Günstiger ist jedoch eine SL-Accesskarte mit reskassa, eine Art Chipkarte für den Nahverkehr. Sie kostet 20 SEK und kann immer wieder aufgeladen werden. Mit dieser Karte zahlen Sie für eine einfache Fahrt 25 SEK. Außer Drottningholm (Zone B) liegen alle Adressen in 100% Stockholm in Zone A. Wenn Sie viel mit öffentlichen Verkehrsmitteln fahren, können Sie auf ein 24-Stunden- (115 SEK) oder 72-Stunden-Ticket (230 SEK) ausweichen. Damit können Sie in allen Zonen unbegrenzt fahren. Möchten Sie zudem viele Museen besuchen, empfiehlt sich die **Stockholmcard** (*www.visitstockholm.com/stockholmcard*). Fahrkarten erhalten Sie in den SL-Centern (in T-centralen, Slussen oder Sergels Torg) und den Verkaufsstellen von Pressbyrån. Die U-Bahn fährt am Wochenende rund um die Uhr. Für Ziele außerhalb des *tunnelbana*-Gebiets werden nach 1 Uhr meistens Nachtbusse eingesetzt. Hierfür gelten die gleichen Tarife wie tagsüber (siehe *www.sl.se*).

Nach Djurgården gelangen Sie mit der **Fähre** oder – im Sommer – mit der (Museums)**Straßenbahn**. Fähren fahren ab Slussen und die Tram (citylinje 7) ab Sergels Torg. Die Museumsstraßenbahn (Djurgårdslinje 7) startet am Norrmalmstorg. Für Fähre wie Straßenbahn gilt auch die SL-Acceskarte.

TAXI

Ein **Taxi** ist in Stockholm nicht billig. Man zahlt einen Starttarif plus Kilometer- und Fahrtkosten. Viele Taxizentralen unterscheiden außerdem zwischen Tages- und Nachtfahrten.

Stockholm mit dem Rad

Das **Fahrrad** ist ein ideales Transportmittel, um Stockholm zu erkunden! So sieht man natürlich mehr von der Stadt als mit dem Bus oder der U-Bahn. Gleiches gilt übrigens auch für die grüne Insel Djurgården. Außerdem hat man als Radfahrer das Gefühl, dass manche Teile der Stadt wie die Südseite von Södermalm und Hammarby Sjöstad eigentlich gar nicht so weit weg liegen. So sind auch Ziele außerhalb der Stadt wie zum Beispiel Hagaparken oder Millesgården problemlos erreichbar.

Die Stockholmer fahren gerne Fahrrad und jedes Jahr wächst die Zahl derer, die sich auf dem Drahtesel fortbewegen, vor allem natürlich im Sommer. Manch eingefleischter Biker stattet sein Rad im Herbst mit Winterreifen aus, um dem Winter zu trotzen. Außerhalb des Zentrums sind Radwege nicht immer klar erkennbar. Außerdem gibt es welche für beide Richtungen und solche, die man sich mit Fußgängern teilt. Also Achtung! Überall in der Stadt, zum Beispiel im Stockholm Tourist Centre, gibt es eine kostenlose Karte mit allen Radwegen in Stockholm und Umgebung. Hinweis: Das Tragen eines Helms wird empfohlen, für Kinder bis 15 Jahren gilt sogar Helmpflicht..

Ein Fahrrad auszuleihen ist in Stockholm kein Problem, Verleihbetriebe gibt es einige. Wer alles mit dem Rad machen will, für den ist **Stockholm City Bike** die günstigste Alternative. Zwischen 1. April und 31. Oktober können Sie an vielen Stellen in der Stadt Stockholm City Bikes leihen. Sie kaufen eine Bike Card für drei aufeinanderfolgende Tage (165 SEK) oder für die ganze Saison (300 SEK) und können anschließend täglich zwischen 6 Uhr und 22 Uhr drei Stunden lang und so oft Sie wollen ein Fahrrad benutzen. Dass das Rad in Stockholm eine tolle Alternative zum öffentlichen Nahverkehr ist, sehen auch die Stockholmer so. Mehr Informationen finden Sie auf *www.citybikes.se*.

DIESE STADTTEILE LASSEN SICH AUCH MIT DEM RAD ERKUNDEN

+ DJURGÅRDEN + SKEPPSHOLMEN + VASASTAN
+ KUNGSHOLMEN + ÖSTERMALM

Restaurants

TOP 10

1 Das Restaurant **Rolfs Kök** ist sehr beliebt bei Einheimischen **>** S. 42

2 Bei **Oaxen** gibt es die Wahl zwischen Luxusrestaurant oder Bistro **>** S. 124

3 Frischen Fisch und Meeresfrüchte bietet **B.A.R.** **>** S. 127

4 Köstliche Sushi sind die Spezialität von **Råkultur** **>** S. 100

5 Die **Bar Central** ist bekannt für Bier, Wurst und das typische SoFo-Flair **>** S. 85

6 **Nytorget Urban Deli** ist mehr als nur ein Restaurant **>** S. 85

7 Im **Lilla Ego** in Vasastan wird Essen zum Fest **>** S. 103

8 In **Östermalms Saluhall** mit den Stockholmern lunchen **>** S. 62

9 Das **Kvarnen** verwöhnt mit *köttbullar*, Hering und anderen Klassikern **>** S. 85

10 Fast-Food-Fans treffen sich im Esstempel **K25** – gute Qualität, moderate Preise **>** S. 44

TOP 10

Sonntags

1 Djurgården zu Fuß oder mit dem Rad erkunden und in **Rosendals Trädgårdskafé** einkehren > S. 125

2 Das Freiluftmuseum **Skansen** besuchen > S. 119

3 Frühzeitig im **Café Sirap** einlaufen, um Pfannkuchen zu probieren > S. 100

4 Liebhabern von Fotografien geht das Herz auf im **Fotografiska** > S. 79

5 Die Stadt verlassen und mit dem Bus zum Skulpturengarten **Millesgården** fahren > S. 140

6 Am **Monteliusvägen** picknicken und die Aussicht genießen > S. 92

7 Zu einer der Inseln der wunderbaren **Schärenküste** vor Stockholm übersetzen > S. 139

8 Im **Djurgårdsbrunn bar & restaurang** gut brunchen > S. 126

9 Die Südseite von Södermalm entdecken und die Fähre nach **Hammarby Sjöstad** nehmen > S. 137

10 Zwischen Mai und September den Vintage-Markt am **Hornstull strand** durchforsten > S. 136

Design

TOP 10

1 Bei **DesignTorget** ein witziges Gadget erstehen **>** S. 48

2 Ein heißer Tipp für Designfans: **Nordiska Kompaniet >** S. 48

3 Für Keramik und andere schöne Dinge gibt es **manos >** S. 88

4 Auf der Suche nach neuen Teetassen? Dann ist **House of Rym** ein Muss **>** S. 86

5 Alles bei **HAPPYsthlm** ist von der Natur inspiriert **>** S. 31

6 Bei **LOD** spielen Edelmetalle die Hauptrolle **>** S. 110

7 **Svensk Slöjd** bietet originelle, Souvenirs aus ganz Schweden **>** S. 66

8 **Asplund-Design**: zeitlos, minimalistisch und natürlich **>** Sibyllegatan 31, Östermalm

9 Funktionell und schön: die Aufbewahrungsutensilien von **Granit >** S. 47

10 Am ersten Advent den Weihnachtsmarkt der Kunstakademie, **Julmarknad Konstfack**, besuchen **>** Lm Ericssonsväg 14, t-bana telefonplan

TOP 10

Fika – Kaffeepause

1 Für Kaffeegenuss pur ist **Sturekatten** die ideale Adresse **>** S. 62

2 Im Winter ein offenes Feuer, im Sommer eine Terrasse – das bietet **Flickorna Helin & Voltaire >** S. 125

3 Die beste *kanelbulle* der Stadt gibt es bei **Petrus >** S. 82

4 **Chokladkoppen** in Gamla Stan ist ein urgemütliches Café **>** S. 26

5 **Blå Porten** hat zwei Trümpfe aufzuweisen: den Innenhof und die Torten **>** S. 124

6 Zum Glück gibt es Menschen, die die Dachterrasse von **Grillska Huset** noch nicht kennen **>** S. 24

7 **Vete-Katten** ist Stockholms *fika*-Klassiker **>** Kungsgatan 55, Norrmalm

8 **Café Birger no 76** ist sehr beliebt bei den Einheimischen **>** S. 100

9 Bereits seit 1920 ist alles bei **Tössebageriet** hausgemacht und frisch **>** Karlavägen 77, Östermalm

10 Im **Café Rival** kommt alles aus der eigenen Bäckerei **>** Mariatorget 3, Södermalm

MODERN DOGG

Gamla Stan, Riddarholmen & Helgeandsholmen

1

Wer Stockholm besucht, muss einfach in der **Gamla Stan** gewesen sein. Gamla Stan bedeutet "alte Stadt" und steht für das lebendige, historische Herz von Stockholm. Stadtgründer war Birger Jarl, der hier im 13. Jahrhundert mit dem Bau kleiner, dicht aneinandergedrängter Holzhäuser begann. Leider fielen die meisten Original-Holzhäuser im Laufe der Jahrhunderte Bränden und Zerstörungen zum Opfer. Der Großteil der noch heute existierenden ockergelben und roten Gebäude stammt daher aus dem 17. Jahrhundert. So manches Haus ragt schief und krumm aus dem Boden heraus, doch gerade das macht den Charme von Gamla Stan aus. Inmitten der alten Häuser thront das **Königsschloss** aus dem 18. Jahrhundert.

Heute schlendern täglich viele Touristen durch die schmalen Straßen und Gassen von Gamla Stan, Einheimische trifft man hier nur selten. Deshalb ist die Hauptstraße Västerlånggatan mit ihren vielen Souvenirgeschäften im Sommer auch sehr voll. Etwas ruhiger geht es in den Seitenstraßen wie der **Österlånggatan**, der **Köpmangatan**, der **Tyska Brinken** und der **Stora Nygatan** zu, wo Sie originelle Läden und Galerien voller Kunst und Handwerk finden. Auch die schöneren Restaurants und Cafés, die bei den Stockholmern Hoch im Kurs stehen, befinden sich etwas weiter von der Hauptstraße entfernt, nämlich in der Gegend um die **Stora Nygatan** und die **Lilla Nygatan**.

Riddarholmen ist eine hübsche, ruhige Insel mit vielen Regierungsgebäuden, die durch eine Brücke mit Gamla Stan verbunden ist. Auf **Helgeandsholmen**, der Insel nördlich von Gamla Stan, befindet sich der schwedische Regierungssitz.

NUR KURZ HIER? DIESE HIGHLIGHTS DÜRFEN SIE NICHT VERPASSEN:

+ BIRGER JARLS TORG + RIKSDAGSHUSET + KUNGLIGA SLOTTET + GAMLA STAN + STORTORGET

ÜBER DIESEN SPAZIERGANG

Dieser Spaziergang führt Sie durch das mittelalterliche Stockholm und hilft Ihnen dabei, auf der Suche nach besonderen Geschäften und tollen Restaurants die zahlreichen Touristenfallen zu umgehen. Der Spaziergang ist nicht sehr lang, kann sich aber ausdehnen, wenn Sie sich nicht von Gamla Stan mit seinen hübschen Gassen losreißen können. Übrigens lässt sich dieser Spaziergang wunderbar mit Spaziergang 2 kombinieren.

+ EIN MUSS FÜR STOCKHOLM-NEULINGE
+ AN WOCHENTAGEN IST BEI WEITEM NICHT SO VIEL LOS
+ DER SPAZIERGANG IST NICHT FAHRRADTAUGLICH

Sehenswürdigkeiten

① An vielen Stellen der Stadt entdeckt man die drei Türme mit den goldenen Kronen, aber nirgendwo sieht man das Stadshuset (Rathaus) besser als von der **Evert Taubes Terrass**.
evert taubes terrass, t-bana: gamla stan

② **Birger Jarls Torg** ist der Hauptplatz von Riddarholmen. Er ist nach Birger Jarl benannt, der Stockholm im 13. Jahrhundert gegründet haben soll, um die Schweden vor den Überfällen ausländischer Flotten zu schützen. Das ihm zu Ehren errichtete Denkmal erhebt sich prächtig in der Mitte des Platzes. Die meisten der früheren Stadtpaläste, so auch der Wrangelska Palatset, beherbergen heute Behörden.
birger jarls torg, t-bana: gamla stan

④ Die **Riddarholmskyrkan**, ursprünglich eine Klosterkirche der Franziskaner, wurde 1280 erbaut und ist die letzte Ruhestätte der schwedischen Könige. Ihr 90 Meter hoher Turm mit gusseiserner Spitze überragt das Stockholmer Stadtbild und ist eines der Wahrzeichen der Stadt.
birger jarls torg, www.kungahuset.se, telefon: 08 4026130, geöffnet: mitte mai-mitte sept. täglich 10.00-17.00, eintritt: 50 sek, t-bana: gamla stan

⑤ Das **Riddarhuset** (Ritterhaus) wurde zwischen 1641 und 1674 nach Entwürfen von vier verschiedenen Baumeistern erbaut. Hier schlug der König schwedische Knappen zum Ritter, und es trafen sich Adlige zu rauschenden Festen und exklusiven Zusammenkünften. Seit 1975 werden keine Ritter mehr "geschlagen", sondern die Stammbäume schwedischer Adelsfamilien verwaltet, die außerdem das besondere Privileg haben, die Räume für Feste und Hochzeiten zu mieten.
riddarhustorget 10, www.riddarhuset.se, telefon: 08 7233990, geöffnet: mo-fr 11.30-12.30, eintritt: 60 sek, t-bana: gamla stan

⑨ KUNGLIGA SLOTTET

⑥ Das **Bondeska Palatset** (Bondesche Palais) früher einmal Amtssitz des Finanzministers Gustav Bonde, wurde von 1662 bis 1673 nach Entwürfen der Architekten Nicodemus Tessin d. Ä. und Jean de la Vallée gebaut. Dieser Palast ist ein wunderbares Beispiel dafür, wie stark der französische Barock- und Renaissancestil die schwedische Architektur beeinflusste. Heute beherbergt das Palais den Obersten Gerichtshof Schwedens.
riddarhustorget 8, nicht öffentlich zugänglich, t-bana: gamla stan

⑦ Die Insel Helgeandsholmen wird etwa zur Hälfte vom **Riksdagshuset** (Reichstagsgebäude) in Beschlag genommen, in dem das schwedische Parlament tagt. Das Parlamentsgebäude wurde zwischen 1897 und 1905 erbaut. Nach der Fertigstellung gab es gleich einen Eklat: Der Bau erwies sich als doppelt so teuer wie im Jahr 1888 vom Architekten Aron Johansson berechnet. Außerdem machte der Neobarockstil schon bei der Eröffnung einen äußerst unmodernen Eindruck.
riksgatan 3, www.riksdagen.se, telefon: 08 7864862, geöffnet: führungen: siehe website, eintritt: frei, t-bana: t-centralen

⑨ **Kungliga Slottet** (Stockholmer Schloss) ist die offizielle Residenz der schwedischen Könige und Königinnen, in der Empfänge, Feste und Audienzen stattfinden. Ab dem 13. Jahrhundert stand hier das Schloss Tre Kronor, das 1697 durch einen Brand zerstört wurde. Danach begann man mit dem Bau des heutigen Schlosses, das von Nicodemus Tessin d. J. entworfen und im Barockstil errichtet wurde. Weil das Schloss mehr als 600 Zimmer und eine eigene Kapelle umfasst, war es kein Wunder, dass es erst im Jahr 1754 fertiggestellt wurde. Mehr Informationen finden Sie auf der Website.
slottsbacken 1, www.kungahuset.se, telefon: 08 4026130, geöffnet: mitte sept.-mitte mai di-so 10.00-16.00, mitte mai-mitte sept. täglich 10.00-17.00, eintritt: 150 sek, t-bana: gamla stan

⑩ Stockholms Dom, **Storkyrkan** oder Nikolaikirche genannt, wurde erstmals 1279 erwähnt. Fassade und Kirchtürme stammen zwar aus dem Mittelalter, wurden aber im 18. Jahrhundert barockisiert, damit der Dom besser zum Barockschloss nebenan passte. Die schöne Holzskulpturengruppe *Sankt Göran och draken* (Sankt Georg und der Drache) wurde 1489 vom deutschen Künstler Bernt Notke gefertigt.
trångsund 1, www.stockholmsdomkyrkoforsamling.se, telefon: 08 7233000, geöffnet: jan.-mai & sept.-dez. täglich 9.00-16.00, juni-juli mo-fr 9.00-17.00, sa-so 9.00-16.00, aug. mo-fr 9.00-18.00, sa-so 9.00-16.00, eintritt: 40 sek, t-bana: gamla stan

(11) Die kleinste Skulptur von Stockholm ist **Järnpojken** (der eiserne Junge). Der Künstler Liss Eriksson nannte das Werk *Pojke som tittar på månen* (der Junge, der den Mond ansieht). Denn er selbst konnte als kleiner Junge oftmals nicht schlafen und starrte nächtelang den Mond an. Im Winter wird die Skulptur mit einem Schal und im Sommer mit einem Sonnenhut geschmückt. Wer eine Münze zu ihren Füßen legt, darf auf das große Glück hoffen.
bollhustäppan (hinter der finnischen kirche), t-bana: gamla stan

(15) Die Bronzestatue **Sankt Göran och draken** hat eine skandinavische Sage zum Thema: Es war einmal eine Stadt, die im Bann eines Drachen stand. Um den Drachen friedlich zu stimmen, bekam er von den Einwohnern täglich ein Schaf. Als alle Schafe aufgefressen waren, brachte man ihm täglich ein Kind. Eines Tages fiel das Los auf die Königstochter. Als sie auf den Drachen wartete, kam der tapfere Ritter Georg vorbei. Er tötete den Drachen, rettete die Prinzessin und mit ihr die ganze Stadt. Die Statue ist allerdings eine Nachbildung – das hölzerne Original steht im Dom Storkyrkan.
köpmantorget, t-bana: gamla stan

(20) Die **Tyska Kyrkan**, deutsche Kirche, war in der Hansezeit das Zunfthaus der deutschen Kaufleute, wurde aber im 16. Jahrhundert zu einer neogotischen Kirche umgebaut. Im barocken Innenraum gibt es viele goldverzierte Elemente wie die Königsloge, ein Entwurf von Nicodemus Tessin d. Ä. Bekannt ist die Kirche auch für ihre Bleiglasfenster und den Weinkeller aus der Hansezeit.
svartmangatan 16, telefon: 08 4111188, geöffnet: mitte sept.-apr. mi & fr-sa 11.00-15.00, so 12.30-15.00, mai-mitte juni & mitte aug.-mitte sept. täglich 11.00-15.00, mitte juni-mitte aug. täglich 10.30-16.30, eintritt: frei, t-bana: gamla stan

(26) Wie gewinnt man den Nobelpreis? Wenn Sie alles über den Schweden Alfred Nobel, die hoch angesehenen Nobelpreise, die Preisverleihung und die Preisträger wissen wollen, dann sollten Sie unbedingt das **Nobelmuseet** besuchen. Das Museum befindet sich im ehemaligen, 1776 fertiggestellten Börsengebäude von Stockholm.
stortorget 2, börshuset, www.nobelmuseet.se, telefon: 08 53481800, geöffnet: sept.-mai di 11.00-20.00, mi-so 11.00-17.00, juni-aug. täglich 10.00-20.00, eintritt: 100 sek, t-bana: gamla stan

15

III
1789
6

Essen & Trinken

(16) Der Engländer Joseph Turner hat sich in Stockholm einen lang gehegten Traum erfüllt: In einem Gewölberaum eröffnete er ein Restaurant mit Feinkostladen. **The Hairy Pig Deli** bietet italienische und hausgemachte Wurstwaren oder besondere Tapas wie Räucherlachspastete oder Linseneintopf. Da das kleine Lokal über nur wenige Tische verfügt, ist nicht immer etwas frei. Dann können Sie Leckereien zum Mitnehmen kaufen.
österlånggatan 9, www.hairypigdeli.se, telefon: 073 8002623, geöffnet: mo-do 11.30-22.00, fr-so 12.00-22.00, preis: dreigangmenü 360 sek, t-bana: gamla stan

(22) Das **Café Mäster Olof** gehört zum Kulturzentrum Mäster Olofsgården. Es verfügt über einen grünen Innenhof, in dem man ein Brötchen oder einen Salat genießen kann. In der Adventszeit gibt es im Innenhof einen lebenden Adventskalender mit Musik und Gesang – sehr originell!
svartmangatan 6, www.masterolofsgarden.se, telefon: 08 200430, geöffnet: täglich 9.00-18.00, preis: mittagessen 90 sek, t-bana: gamla stan

(24) Das **Pharmarium** befindet sich in einem Haus, in dem 1575 die erste Apotheke Schwedens ihre Türen öffnete. Für die Betreiber des Lokals die Inspirationsquelle schlechthin, nicht nur für den Namen und die Einrichtung. So gibt es zum Beispiel einen Cocktail namens "Pain Extractor". Die Basis aller Gerichte und Cocktails bilden Produkte der Saison und klassische Heilkräuter. Die Portionen sind nicht groß und kommen eher einer Zwischenmahlzeit gleich. Deshalb bestellen die Gäste meist mehrere Gerichte, zu denen man jeweils einen passenden Cocktail gereicht bekommt.
stortorget 7, www.pharmarium.se, telefon: 08 200810, geöffnet: mo-di 16.30-23.00, mi 16.30-0.00, do-sa 16.30-1.00, preis: 75-175 sek je gericht, t-bana: gamla stan

(25) Die Heilsarmee von Stockholm ist die sogenannte Stadtmission. Diese ist einmalig, denn hier werden keine Secondhandkleidung und -artikel verkauft, sondern Brote. Außer der Bäckerei gibt es noch ein Café, das **Grillska Huset**. Auch der Erlös dieses Lokals geht an Bedürftige. Gutes tun und genießen.
stortorget 3, www.stadsmissionen.se, telefon: 08 68423364, geöffnet: mo-fr 9.00-18.00, sa-so 10.00-18.00, preis: mittagessen 90 sek, t-bana: gamla stan

SVINET
Välkommen till Svinet!
Förrätt, Starter
Gazpacho Andaluz
90:-
Svinet 2012:
Träkolsgrillad karré, kotlett på ben,
revbensspjäll, rökt sida och Chef
Einarssons Salsiccia. Serveras med
36

Cafe
KAFFEKOPPEN
BAKAD POTATIS
M. SKAGENRÖRA
FRUKOST MENY
KAFFE / THE
27

30

(27) Die Häuser, in denen sich die beliebten Cafés **Kaffekoppen** und **Chokladkoppen** befinden, sind typisch für Gamla Stan und wahrscheinlich die am meisten fotografierten Gebäude Schwedens. Es gibt immer etwas zu tun und zu sehen. Im Sommer sitzt man relaxt in der Sonne und genießt ein kaltes Getränk; im Winter trinkt man heiße Schokolade mit Schlagsahne und beobachtet das Treiben auf dem Weihnachtsmarkt.
stortorget 18-20, www.cafekaffekoppen.se, telefon: 08 203170, geöffnet: mo-do 9.00-22.00, fr 9.00-23.00, sa 8.00-23.00, so 8.00-22.00, preis: mittagessen 115 sek, t-bana: gamla stan

(29) **19 Glas** gehört zu den wenigen Lokalen in der Stadt, in denen man nicht schräg angeschaut wird, wenn man nur etwas trinken will. Das Lokal hat sich mit einem umfangreichen Sortiment an guten Weinen, von denen viele auch glasweise angeboten werden, einen Namen gemacht. Daneben gibt es diverse Fass- und Flaschenbiere. Wer etwas essen möchte, kann zwischen einem Vier- oder Sieben-Gänge-Menü wählen. Ein Muss für Feinschmecker!
stora nygatan 19, www.19glas.se, telefon: 08 7231919, geöffnet: mo-sa 12.00-0.00, preis: vier-gänge-menü 499 sek, mittagessen 129 sek, t-bana: gamla stan

(30) Das **Pubologi** nennt sich *gastropub*, eine Kombination aus Restaurant, Bar und Pub, und wurde 2012 vom *White Guide* (dem schwedischen Pendant zum Guide Michelin) zum Bierlokal des Jahres gekürt. Nicht nur das Bier lockt die vielen Gäste an, sondern auch das gute Essen. Es werden Fünf-Gänge-Menüs serviert, die man um zwei weitere Gänge erweitern kann – selbstverständlich alle mit dazu passendem Wein oder Bier. Für Experimentierfreudige gibt es außerdem ein japanisches Getränkemenü.
stora nygatan 20, www.pubologi.se, telefon: 08 50640086, geöffnet: mo-sa 17.00-23.00, preis: fünf-gänge-menü 550 sek, t-bana: gamla stan

(34) An der Ecke Stora Nygatan und Kornhamnstorg liegt das **Café Tabac**, in dem man vorzügliche Pasta, Tapas oder einen Drink genießen kann. Hier herrscht jedoch eine ganz andere Atmosphäre als normalerweise in Gamla Stan: keine urige Gemütlichkeit, sondern kühl-skandinavisches Flair im modernen Interieur.
stora nygatan 46, www.cafetabac.se, telefon: 08 101534, geöffnet: mo-do 10.00-0.00, fr-sa 10.00-1.00, so 11.00-0.00, preis: pasta 145 sek, t-bana: gamla stan

DJURET ㊱

㊱ Aus Achtung gegenüber Tier und Umwelt werden im **Djuret** alle Teile eines Tieres verwendet und nichts wird weggeworfen. So dreht sich alles immer einen Monat lang um eine Tierart. In dieser Zeit werden alle Teile des jeweiligen Tieres zu herrlichen Gerichten verarbeitet.
lilla nygatan 5, www.djuret.se, telefon: 08 50640084, geöffnet: mo-sa 18.00-23.00, manchmal freitags ab 12.00 auch mittagstisch, preis: drei-gänge-menü 595 sek, t-bana: gamla stan

Shoppen

⑬ Barbara Bunke, die Inhaberin von **Ljunggrens papper**, hatte schon als Kind ein Faible für Papier, und das merkt man sofort, sobald man den Laden betritt. Hier findet man neben schönen Postkarten, Schreibfedern, Tinte, Lack und selbst gemachten Stempeln Papier in Hülle und Fülle, vorwiegend handgefertigte Sorten aus Japan, Nepal und Indien.
köpmangatan 3, www.ljunggrenspapper.com, telefon: 08 6760383, geöffnet: di-fr 12.00-18.00, t-bana: gamla stan

⑭ Die Mischung macht's: Frische Säfte (viel Detox) und ein mit viel Liebe zusammengestelltes Angebot an schwedischen Produkten sind eine nicht alltägliche, aber gelungene Kombination. Bei **Vildäpplen** findet man Geschirrtücher aus Leinen, Original-Holzschuhe, Becher in Pastellfarben und wunderbare Wellnessprodukte. Und nach dem Einkauf als Stärkung ein Glas Saft! Einfach sich auf ein Kissen setzen und den Trunk genießen, während man die Passanten beobachtet, die die Statue *Sankt Göran och draken* betrachten.
köpmantorget 2, www.vildapplen.se, telefon: 070 2702488, geöffnet: mo-fr 11.00-18.00, sa 11.00-16.00, juli-aug. täglich 11.00-18.00, t-bana: gamla stan

⑰ Alles, was es bei **SinneMinne** zu kaufen gibt, ist aus Wolle von Gotlandschafen hergestellt. Man findet hier im Übrigen nicht nur warme Handschuhe, Mützen und Schals, sondern auch Kissen, Schaffelle, auf denen man vor dem Kachelofen herumlungern kann, und sogar Engel für den Weihnachtsbaum.
österlånggatan 41, www.sinneminne.com, telefon: 070 7206136, geöffnet: mo-fr 11.00-18.00, sa 11.00-16.00, t-bana: gamla stan

⑱ **In Spe** ist ein Laden mit vielen Stammkunden, die hier gern Kleidung, Schuhe oder Accessoires kaufen. Die Kollektion besteht vor allem aus skandinavischen Marken wie zum Beispiel Hope, Rodebjer oder Minimarket, aber einige Hersteller aus anderen europäischen Ländern sind ebenfalls vertreten. Da die Preise ganz unterschiedlich sind, werden auch Menschen mit kleinem Geldbeutel fündig.
triewaldsgränd 3, www.inspe.se, telefon: 08 7204080, geöffnet: mo-fr 10.00-19.00, sa 11.00-18.00, so 12.00-17.00, t-bana: gamla stan

STUDIO LENA M ㉑

㉑ Spüllappen als Designobjekt? Das **Studio Lena M** hängt voll davon! Altmodische Exemplare, fröhlich und bunt mit Tieren und Mustern bedruckt. Man bekommt direkt Lust, die eigene Küche mal wieder gründlich zu putzen. Außerdem finden Sie hier Tabletts. Alles farbenfroh und umweltfreundlich – gemäß den Grundsätzen von Lena.
kindstugatan 14, www.lenamdesign.se, telefon: 08 212030, geöffnet: mo-fr 11.00-17.00, sa 11.00-16.00, t-bana: gamla stan

㉟ **POLKAPOJKARNA**

㉘ Wer typisch schwedische Teppiche sucht, sollte bei **Norna** vorbeischauen. Hier werden sie handgewebt und meistens aus Baumwolle hergestellt. Sie brauchen nur Ihre Wunschfarbe und -größe sowie das Muster anzugeben und schon wird der Teppich speziell für Sie angefertigt. Ausländische Kunden ist man hier gewohnt und der Versand ins Ausland gar kein Problem. Es gibt auch handgewebte Teppiche aus Kunststoff, zum Beispiel für Küche oder Bad.
stora nygatan 13, www.norna.nu, telefon: 08 203275, geöffnet: di-fr 12.00-17.00, sa 12.00-15.00, t-bana: gamla stan

(31) Traditionelles Holzspielzeug, Puppen oder Spiele, mit denen man auch zu mehreren wunderbar spielen kann – das verkauft **Krabat**. Wer elektronische Gadgets oder Plastikspielzeug sucht, wird hier nicht fündig! Das freundliche Personal hilft gerne bei der Auswahl.
stora nygatan 21, www.krabat.se, telefon: 08 214924, geöffnet: mo-fr 10.00-19.00, sa 10.00-17.00, so 11.00-16.00, t-bana: gamla stan

(32) Die drei Schwedinnen, die hinter **HAPPYsthlm** stecken, haben eine gemeinsame Inspirationsquelle: die schwedische Natur. Das Angebot in ihrem Laden reicht von Glas und Keramik über Schmuck bis hin zu Textilien und Papier. Schwedisches Kunsthandwerk und Design in Vollendung!
stora nygatan 36, www.happysthlm.se, telefon: 08 6421505, geöffnet: mo-fr 11.00-18.00, sa 11.00-16.00, t-bana: gamla stan

(33) Auf der Suche nach einem Sommerkleidchen, etwas Festlichem oder sogar einem ganz besonderen Hochzeitskleid? Dann ist **Loni** die perfekte Adresse für Sie. Bei Loni, übrigens der Vorname der Inhaberin, werden alle Einzelstücke per Hand gefertigt. Der Stil ist nordisch-romantisch mit einer coolen Note.
tyska brinken 28, fb lonidesign, telefon: 08 209543, geöffnet: mo-fr 12.00-19.00, sa 12.00-17.00, t-bana: gamla stan

(35) *Polkagrisar* sind weiß-rote Stangen mit Pfefferminzgeschmack, die schon seit 1859 produziert werden. Erfunden hat sie Amalia Eriksson aus Gränna, und zwar als Mittel gegen die Erkältung ihrer Tochter. Dass sie nicht nur der Tochter gefielen, ist sicher: Jährlich werden bei **Polkapojkarna** in Gränna mehr als zehn Millionen *polkagrisar* hergestellt! Im Laden kann man übrigens sehen, wie.
lilla nygatan 10, www.gamlastanspolkagriskokeri.se, telefon: 08 107182, geöffnet: mo-sa 11.00-18.00, so 11.00-17.00, t-bana: gamla stan

Stockholm live

(3) Auf **Riddarholmen** können Sie einen **Spaziergang** auf dem ehemaligen Parlamentsgebäude machen. Gesichert und mit Helm geht es mit einem Führer hinauf aufs Dach. In 43 Meter Höhe haben Sie eine prächtige Aussicht über die Stadt, während Sie auf dem schmalen Dachfirst balancieren. Da die Spaziergänge sehr beliebt sind, sollte man vorher (online) reservieren.
riddarholmen, treffpunkt birger-jarl-statue/birger jarls torg, www.takvandring.com, telefon: 08 223005, geöffnet: apr.-okt., preis: 595 sek, t-bana: gamla stan

(8) Der **Wachwechsel** ist natürlich ein Touristenmagnet, aber dennoch nett anzusehen. Begleitet von Marschmusik kommen die neuen Wächter, oft junge Männer, in vollem Ornat anmarschiert, um die Wache des Königschlosses zu übernehmen. In den Sommermonaten beginnt der Marsch beim Armeemuseum in Östermalm; im Winter bleibt man in der Nähe des Schlosses.
kungliga slottet, slottsbacken 1, www.kungahuset.se, geöffnet: mai-aug. mo-sa 12.15, so 13.15, sept.-apr. mi & sa 12.15, so 13.15, t-bana: gamla stan

(12) Dieser Spaziergang führt Sie zu den schönsten Adressen, aber es gibt auch viele hübsche Gassen und Plätze in Gamla Stan, die nicht in die Route aufgenommen wurden, sich jedoch trotzdem lohnen. Also einfach **durch Gamla Stan schlendern** und das historische Viertel selbst entdecken!
gamla stan, t-bana: gamla stan

(19) **Mårten Trotzigs Gränd** ist mit einer Breite von nur 90 Zentimetern die engste Gasse von Gamla Stan. Da sie an der Västerlånggatan wie ein privater Treppenaufgang aussieht, kann man sie leicht übersehen. Tipp: Über dem Tor steht die Nummer 81.
zwischen västerlånggatan und prästgatan, t-bana: gamla stan

(23) **Stortorget** ist der älteste Platz von Stockholm und hat für die Schweden eine besondere Bedeutung. Im November 1520 fand hier nämlich ein Blutbad statt, bei dem der dänisch-schwedische König Kristian II. fast 100 Adlige töten ließ. Die Kanonenkugel in einem der Eckhäuser ist – laut einer beliebten Legende – der Überrest dieser traurigen Tat.
stortorget, geöffnet: weihnachtsmarkt ende nov.-dez. täglich 11.00-18.00, t-bana: gamla stan

MÅRTEN TROTZIGS GRÄND ⑲

Gamla Stan, Riddarholmen & Helgeandsholmen

SPAZIERGANG 1 (3,5 km)

Mit der U-Bahn nach Gamla Stan fahren und die Station über den Ausgang Riddarholmen verlassen. An den Gleisen entlang Richtung Norden gehen, links in die Södra Riddarholmshamnen und dann dem Wasser bis Evert Taubes Terrass (1) mit Blick auf das Rathaus folgen. Weiter geht es am Wasser entlang und rechts über die Schering Rosenhanes Gränd Richtung Platz (2), um einen Dachspaziergang zu machen (3). Die Kirche (4) können Sie nicht verpassen. Danach bei Riddarholmsbron die Brücke Richtung Gamla Stan überqueren, vorbei am Riddarhuset (5) und Bondeska Palatset (6) Richtung Myntgatan. Von hier weiter zum Riksdagshuset (7). Dann zurück zum Mynttorget. Hier die Treppe hinauf und zum Yttre Borggården gehen, um den Wachwechsel (8) zu erleben und das Schloss (9) zu bewundern. Beim Slottsbacken liegen die Storkyrkan (10) und die finnische Kirche mit der kleinsten Skulptur Stockholms (11) im Innenhof. Durch das Tor links in die Trädgårdsgatan und über die Skeppar Olofs Gränd Richtung Köpmangatan. Dann Gamla Stan besichtigen, hier kann man sich nicht verlaufen (12). Links bekommen Sie handgefertigtes Papier (13) oder einen Saft (14). Oben an der Köpmanbrinken steht ein großes Bronzedenkmal (15). Dann links hinunter Richtung Österlånggatan, um leckere Wurst zu essen (16) oder ein Schafsfell zu kaufen (17). Danach weiter über den Järntorget Richtung Västerlånggatan. Wer hübsche Mode sucht, macht einen Abstecher in die Triewaldsgränd (18). Rechts liegt der Durchgang zur Mårten Trotzigs Gränd (19). Oben angekommen, schräg hinüber zum Tyska Stallplan gehen und dann links in die Svartmangatan, um die deutsche Kirche (20) zu besuchen, originelle Küchenutensilien (21) zu kaufen und Kultur mit Genuss zu verbinden (22). Oder am Stortorget (23) einen Cocktail (24) oder Kaffee (25) trinken, überlegen, wie Sie den Nobelpreis gewinnen können (26), oder einen Kakao (27) genießen. Weiter geht es über Kåkbrinken, Västerlånggatan und Gåsgränd Richtung Stora Nygatan. Hier links, um schwedische Teppiche (28) zu erstehen, etwas zu essen und zu trinken (29) (30) sowie schöne Mitbringsel zu kaufen (31), (32). Der Straße hinunter folgen und links einen Abstecher in die Tyska Brinken machen, um ein Kleid anzuprobieren (33). An der Stora Nygatan angekommen, warten köstliche Tapas (34). Danach zweimal rechts abbiegen, um Bonbons (35) zu kaufen und den Spaziergang mit einem feinen Fleischgericht (36) abzuschließen.

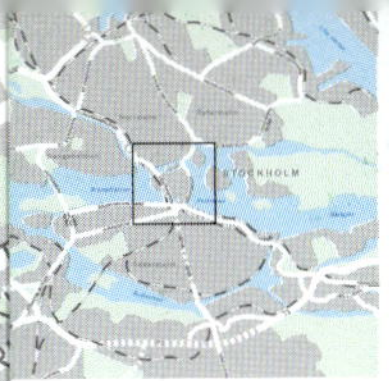

1

1. Evert Taubes Terrass
2. Birger Jarls Torg
3. Dachspaziergang auf Riddarholmen
4. Riddarholmskyrkan
5. Riddarhuset
6. Bondeska Palatset
7. Riksdagshuset
8. Wachwechsel
9. Kungliga Slottet
10. Storkyrkan
11. Järnpojken
12. Durch Gamla Stan schlendern
13. Ljunggrens Papper
14. Vildäpplen
15. Sankt Göran och draken
16. The Hairy Pig Deli
17. SinneMinne
18. In Spe
19. Mårten Trotzigs Gränd
20. Tyska Kyrkan
21. Studio Lena M
22. Café Mäster Olof
23. Stortorget
24. Pharmarium
25. Grillska Huset
26. Nobelmuseet
27. Kaffekoppen/Chokladkoppen
28. Norna
29. 19 Glas
30. Pubologi
31. Krabat
32. HAPPYsthlm
33. Loni
34. Café Tabac
35. Polkapojkarna
36. Djuret

Norrmalm

2

Norrmalm, auch City genannt, ist das Stadtzentrum von Stockholm. Die Gegend ist vielleicht nicht die schönste der Stadt, aber hier ist immer etwas los. Mitte des vorigen Jahrhunderts riss man als Modernisierungsmaßnahme große Teile des alten Stadtzentrums ab und ersetzte die alten Häuser durch neue. Das Ergebnis: große architektonische Unterschiede. Zum einen gibt es moderne Hochhäuser wie am **Hötorget** (Heumarkt) sowie das **Kulturhuset** am Sergels Torg aus den 1960er-Jahren, zum anderen stehen noch klassische Gebäude wie die Kungstornen und das Konserthuset aus den 1920er-Jahren. Und noch immer wird viel neu (und hoch) gebaut, vor allem in der Nähe des Hauptbahnhofs.

Die bekanntesten Einkaufsstraßen Stockholms sind die **Drottninggatan**, **Hamngatan** und **Kungsgatan**. Hier findet man alle großen Ladenketten, Kaufhäuser sowie Einkaufszentren.

Es gibt zahlreiche Plätze im Zentrum: Auf dem **Hötorget** findet der Blumen- und Obstmarkt statt und sonntags kann man sich hier auf dem Flohmarkt mit Kuriositäten eindecken. Auf dem **Sergels torg** braust der Verkehr an einer gläsernen Fontäne entlang, hasten Fußgänger in Richtung T-centralen, hängen Teenagergruppen auf den Treppen herum oder findet eine Demo statt. Ruhe und Erholung bietet der Park **Kungsträdgården**, in dem man die Sonne, das Winterwetter, Freiluftkonzerte, Festivals und andere Veranstaltungen genießen kann.

Mit großem Abstand gibt es in Norrmalm das breiteste **Kulturangebot** der Stadt: (Klassische) Konzerte, Theatervorstellungen, Opern, Ausstellungen, U-Bahn-Kunst und Kinos machen Norrmalm zum Mekka der Kunst- und Kulturfreunde.

NUR KURZ HIER? DIESE HIGHLIGHTS DÜRFEN SIE NICHT VERPASSEN:

+ HÖTORGET + SERGELS TORG + NORDISKA KOMPANIET
+ KUNGSTRÄDGÅRDEN + U-BAHN-KUNST

ÜBER DIESEN SPAZIERGANG

Dieser Spaziergang vermittelt Ihnen das echte "Großstadt-Gefühl". Er führt Sie durch die City, das pulsierende Geschäftszentrum der Stadt mit zahlreichen Einkaufsstraßen. Hier sind neben den altbekannten Ketten auch kleinere Läden zu finden, die den Spaziergang so richtig interessant machen. Außerdem trifft man unterwegs auf zahlreiche kulturelle Highlights.

+ SCHÖNE ROUTE, WENN MAN STOCKHOLM SCHON KENNT
+ SONNTAGS SIND VIELE KLEINERE LÄDEN GESCHLOSSEN
+ IN EINKAUFSSTRASSEN IST RADFAHREN NUR ZUM TEIL ERLAUBT

Sehenswürdigkeiten

④ August Strindberg (1849–1912) ist einer der bekanntesten Schriftsteller Schwedens. Im nördlichen Teil der **Drottninggatan** sind **Zitate** aus seinen Romanen und Gedichten in den Straßenbelag eingelassen. Wollen Sie mehr über diesen Autor erfahren? Dann besuchen Sie doch das **Strindbergsmuseet**.
drottninggatan 85, www.strindbergsmuseet.se, telefon: 08 4115354, geöffnet: di-so 12.00-16.00, juli-aug. 10.00-16.00, eintritt: 60 sek, t-bana: rådmansgatan

⑥ Die **Adolf Fredriks Kyrka** wurde zwischen 1768 und 1774 gebaut. Auffällig sind die Kuppel-Malereien von Julius Kronberg aus dem Jahr 1899 und das Kristalltaufbecken der berühmten schwedischen Glasmarke Orrefors.
holländargatan 16, www.adolffredrik.se, telefon: 08 207076, geöffnet: mo 13.00-19.00, di-so 10.00-16.00, eintritt: frei, t-bana: hötorget

⑭ Das blaue Gebäude am Hötorget trägt den Namen **Konserthuset**. Mit seinen Säulen, den imposanten Türen und Treppen ist das Konzertgebäude aus dem Jahr 1926 ein gelungenes Beispiel neoklassizistischer Architektur. Hier findet alljährlich am 10. Dezember die Verleihung der Nobelpreise statt. Führungen werden gelegentlich an Samstagen angeboten.
hötorget 8, www.konserthuset.se, telefon: 08 7860200, öffnungszeiten siehe website, führung: 60 sek, t-bana: hötorget

⑮ Die Skulpturengruppe vor dem Konserthuset, der **Orfeusbrunnen**, wurde im Jahr 1936 von Carl Milles angefertigt. Der begnadete Sänger und seine Musen aus der griechischen Mythologie stehen – wie kann es an diesem Ort auch anders sein – sinnbildlich für die Musik.
hötorget, t-bana: hötorget

⑰ Die beiden Türme **Kungstornen** befinden sich beidseitig der Kungsgatan. Wer genau hinsieht, erkennt, dass die Türme nicht identisch sind. Der nördliche Turm wurde vom Architekten Sven Wallander entworfen und 1924 fertiggestellt, der südliche, mit Statuen römischer Göttinnen, war 1925 fertig und stammt von Ivar Callmander. Mit einer Höhe von etwa 60 Metern waren die Türme die ersten "Wolkenkratzer" Schwedens.
kungsgatan 28-30 & 31-33, nicht öffentlich zugänglich, t-bana: hötorget

㉚ U-BAHN-KUNST

(22) **Sergels torg** ist vor allem abends, wenn er hell erleuchtet ist, sehr beeindruckend. Das Kulturhuset und der große Glasobelisk mit der Fontäne verleihen dem belebten Platz eine futuristische Ausstrahlung, was ihn zu einem beliebten Treffpunkt der jungen Szene macht. Ebenfalls erwähnenswert: Hier beginnen und enden regelmäßig Demonstrationen.
sergels torg, t-bana: t-centralen

(30) **U-Bahn-Kunst** sieht man in vielen Großstädten, aber Stockholm hat mit 110 Kilometern die längste Ausstellungsfläche weltweit zu bieten. Schon in den 1950er-Jahren begann dieser Trend, und inzwischen haben etwa 150 Künstler fast alle U-Bahn-Stationen mit Malereien, Skulpturen, Mosaiken und Gravuren versehen. Die Station Kungsträdgården ist eine der schönsten.
in den u-bahn-stationen, www.sl.se, etwa t-bana: kungsträdgården

(31) Die Geschichte der **St. Jacobs Kyrka** (Jakobskirche) reicht bis ins 14. Jahrhundert zurück, als hier noch eine Kapelle stand. Mit dem Bau der heutigen Kirche begann man im Jahre 1580, 1643 wurde die Kirche offiziell geweiht. Der Stilmix aus Spätgotik, Renaissance und Barock macht diese leuchtend rote Kirche zu einem sehenswerten Bauwerk in Kungsträdgården.
västra trädgårdsgatan 2, www.stockholmsdomkyrkoforsamling.se, telefon: 08 7233038, geöffnet: mo-mi & sa 11.00-17.00, do-fr & so 11.00-18.00, eintritt: frei, t-bana: kungsträdgården

(32) Die **Königliche Oper** (Kungliga Operan) wurde 1889 eröffnet und bietet seitdem großartige Opern- und Ballettaufführungen. Die Pariser Oper diente als Vorbild für das Gebäude, das sowohl Merkmale der Neorenaissance als auch des Neobarock aufweist. Das Foyer mit den goldenen Verzierungen und den einladenden Marmortreppen ist mit Malereien von Künstlern wie Carl Larsson versehen. Es lohnt sich also, eine Vorstellung zu besuchen oder an einer Führung durch das Opernhaus teilzunehmen.
jakobs torg 2, www.operan.se, telefon: 08 7914300, führung: aug.-apr. sa 13.00, eintritt: 120 sek, t-bana: kungsträdgården

Essen & Trinken

① Das **Kafé Himlavalvet** befindet sich auf einem Hügel im Park Observatorielunden. Es dauert zwar ein wenig, bis man oben auf dem Hügel angekommen ist, aber dann gibt es zur Belohnung frischen *flädersaft* (Holundersaft) mit gefrorenen Himbeeren oder duftende Waffeln mit Marmelade. Vor allem im Sommer ist dies ein wunderbarer Ort, um dem Lärm der Stadt zu entfliehen.
drottninggatan 120, www.kafehimlavalvet.se, telefon: 08 314041, geöffnet: siehe website, preis: mittagessen 98 sek, t-bana: rådmansgatan

② In der Metzgerei **Köttbaren** dreht sich alles um Fleisch. Hier kann man Fleisch und Wurstwaren kaufen, aber auch an einem der rustikalen Tische ein leckeres Fleischgericht kosten. Tipp: Teilen Sie sich erst ein Wurstbrett und bestellen Sie dann ein Rinderfilet, einen Hamburger oder *kvällens långkok* (langsam gegartes Fleisch). Reservieren ist leider nicht möglich.
tegnérgatan 32, www.kottbaren.se, telefon: 08 50524426, geöffnet: mittagessen mo-fr 11.15-14.00, bar täglich 15.00-1.00, barmenü mo-fr & so ab 17.00, sa ab 12.00, metzgerei mo-fr 11.15-23.00, sa 12.00-23.00, so 15.00-23.00, preis: 150 sek, t-bana: rådmansgatan

③ Bei **Rolfs Kök** hängen die Stühle an der Wand – nicht als Sitzmöbel, sondern als Dekoration. Ansonsten ist das sehr beliebte Restaurant eher schlicht eingerichtet. Für den Küchenchef Johan Jureskog geht nichts über die klassische Küche. Es gibt Gäste, die keinen Blick in die Karte werfen und immer wieder seine Spezialität bestellen: in Rotwein geschmorte Ochsenbacke mit Trüffel-Kartoffel-Püree.
tegnérgatan 41, www.rolfskok.se, telefon: 08 101696, geöffnet: mo-fr 11.30-1.00, sa-so 17.00-1.00, preis: 260 sek, mittagessen 139 sek, t-bana: rådmansgatan

⑤ An der Drottninggatan gibt es nur wenige nette Cafés. Eines ist das **Kafé Esaias**. Kaffee ist die große Leidenschaft des Personals – allesamt ausgebildete Baristas –, das mit viel Liebe einen Espresso oder einen *slow coffee* zubereitet. Unter der Woche ist diese Kaffeebar schon um 7.30 Uhr geöffnet. Praktisch, wenn man frühmorgens einen Kaffee braucht, um wach zu werden.
drottninggatan 102b, www.kafeesaias.se, telefon: 08 684396, geöffnet: mo-fr 7.30-17.00, sa-so 10.00-17.00, preis: mittagessen 90 sek, t-bana: rådmansgatan

KAFÉ HIMLAVALVET ①

⑧ Für viele Schweden ist Freitag Taco- oder Tortillatag. Für einige Mexikaner war dies der Anlass, die taquería **La Neta** zu gründen. Die teils vegetarischen Tacos sind köstlich, das viel besuchte Lokal selbst aber nur wenig ansprechend – das Essen wird auf Plastiktellern serviert.
barnhusgatan 2, www.laneta.se, telefon: 08 4115880, geöffnet: mo-fr 11.00-21.00, sa 12.00-21.00, so 12.00-16.00, preis: 49 sek/stück, t-bana: hötorget

(13) Auf dem ehemaligen Heumarkt (Hötorget) steht seit 1958 **Hötorgshallen**, eine Markthalle voller Köstlichkeiten aus aller Welt: schwedischer Lachs, französischer Käse, italienische Antipasti, ungarische Salami, türkische Mezze, argentinisches Rindfleisch, chinesischer Tee ... ein Hochgenuss für die Sinne.
hötorget, www.hotorgshallen.se, geöffnet: mo-fr 10.00-18.00, sa 10.00-16.00, juni-juli sa 10.00-15.00, preis: mittagessen ab 90 sek, t-bana: hötorget

(18) **K25** ist ein kulinarischer Hotspot, an dem sich etwa zehn Restaurants zusammengefunden haben. Ob Frühstück, Mittagessen, Snack oder Dinner, ob Hamburger oder Salat, Teigtaschen oder Tacos, ob ein Essen vor Ort oder zum Mitnehmen – K25 hat für jeden Geschmack, Anlass und Geldbeutel etwas zu bieten. Eine preisgünstige Alternative in einer ansonsten eher teuren Stadt!
kungsgatan 25, www.k25.nu, geöffnet: mo-fr 7.30-21.00, sa 10.00-21.00, preis: ab 75 sek, t-bana: hötorget

(20) Der Inhaber des nach ihm benannten und im skandinavischen Stil eingerichteten Restaurants **Niklas** ist in der Welt viel herumgekommen. Seine Erfahrungen verarbeitet er in den vielen Gerichten, die seine Vorliebe für die französische Küche nicht verheimlichen können. Nach dem Essen lässt es sich mit einem Glas Wein oder einem Cocktail noch gut an der Bar aushalten.
regeringsgatan 66, www.niklas.se, telefon: 08 206010, geöffnet: mo-di 11.00-23.00, mi-fr 11.00-1.00, sa 17.00-1.00, preis: 250 sek, mittagessen 129 sek, t-bana: hötorget

(21) Klassische schwedische Gerichte, neu interpretiert, gibt es bei **Nalen**. Die bekannten Hackbällchen (*köttbullar*) mit Preiselbeeren stehen natürlich auch auf der Karte. Manchmal finden kleine Konzerte statt.
regeringsgatan 74, www.nalen.com, telefon: 08 50529201, geöffnet: restaurant mo-fr 11.00-15.00 & 16.00-23.00, sa 17.00-23.00, bar fr 17.00-1.00, sa 19.00-1.00, preis: 215 sek, drei-gänge-menü 400 sek, t-bana: hötorget

(27) Essen bei **Berns Asiatiska** ist ein besonderes Erlebnis: Haben Sie schon mal Sushi unter Kronleuchtern gegessen? Die klassische Einrichtung mit Spiegeln und Sesseln kontrastiert mit der modernen Speisekarte. Das Lokal ist gleichzeitig eine beliebte Bar.
berzeliipark, www.berns.se, telefon: 08 56632200, geöffnet: so-do 11.30-1.00, fr-sa 11.30-3.00, preis: 75-275 sek, t-bana: östermalmstorg

KAFÉ ESAIAS (5)

(33) Das Essen im **Bakfickan** stammt zwar aus der gemeinsamen Küche mit dem erstklassigen Restaurant Operakällaren, die Karte ist aber völlig anders. Es gibt Hausmannskost wie die schwedischen Klassiker *gravad lax* (marinierter Lachs) und *biff rydberg* (Rindfleisch). Reservieren ist leider nicht möglich.
operahuset, jakobs torg 12, www.operakallaren.se, telefon: 08 6765808, geöffnet: mo-fr 11.30-23.00, sa 12.00-22.00, preis: 200 sek, t-bana: kungsträdgården

⑯ GRANIT

Shoppen

⑦ Wie kämpft man erfolgreich gegen einen dunklen Regentag an? Mit einem Kleid und einer Tasche von **Fröken söt**! Ob Kleidung oder Accessoires, Motive gibt es in Hülle und Fülle. Der kleine Laden ist bis zur Decke vollgestopft, aber das Personal hilft gerne und kramt genau das hervor, was Sie suchen.
drottninggatan 94, fb fröken-söt, telefon: 08 6690600, geöffnet: mo-fr 11.00-18.30, sa 11.00-17.30, t-bana: hötorget

⑪ Eine Pilzbürste, eine Kartoffelbürste, einen Schrubber oder eine Rückenbürste – **Iris Hantverk** hat sie alle, denn mit Bürsten aller Art hat sich der Laden einen Namen gemacht. Inzwischen gibt es auch andere schöne Dinge für das Badezimmer, die Küche oder den Garten.
kungsgatan 55, www.irishantverk.se, telefon: 08 214726, geöffnet: mo-fr 10.00-18.00, sa 10.00-15.00, t-bana: hötorget

⑯ **Granit** ist das Ergebnis einer vergeblichen Suche: Die Betreiber stellten fest, dass man zwar überall schöne Dinge kaufen kann, die das Leben angenehmer machen, es jedoch zur Aufbewahrung dieser Dinge kaum etwas gibt. Also beschlossen sie, dies mit ihrem Laden zu ändern. Das Grundsortiment besteht aus allerlei überwiegend schlichten Aufbewahrungslösungen in zeitlosen Farben.
kungsgatan 42, www.granit.se, telefon: 08 219285, geöffnet: mo-fr 10.00-19.00, sa 10.00-17.00, so 12.00-17.00, t-bana: hötorget

⑲ Schokoholics sollten die **Chokladfabriken** besser links liegen lassen, denn es ist fast unmöglich, den wahnsinnigen Geschmackskombinationen zu widerstehen. Unbedingt probieren: die mit Lakritz und süßer Karamellcreme gefüllte Praline aus Bitterschokolade.
regeringsgatan 58, www.chokladfabriken.com, telefon: 08 229110, geöffnet: mo-fr 10.00-18.30, sa 10.00-17.00, t-bana: hötorget

(24) Alle Produkte, die bei **DesignTorget** angeboten werden und aus der Hand freischaffender Designer stammen, werden erst von einer fachmännischen Jury geprüft. Dadurch ist das Angebot originell, vielseitig und immer wieder anders. Man findet hier einfach alles: vom Wohndesign über Spiele bis hin zum Kochbuch.
sergelgången 29 (im souterrain des kulturhuset), www.designtorget.se, telefon: 08 219150, geöffnet: mo-fr 10.00-20.00, sa 10.00-19.00, so 11.00-18.00, t-bana: t-centralen

(25) **Nordiska Kompaniet**, kurz: NK, ist ein großes, schickes Kaufhaus, in dem jede Marke eine eigene Abteilung hat. Der Gründer hatte 1902 die innovative Idee, ein "kulturelles und kommerzielles" Theater mit "allerfeinsten Waren" unter ein gemeinsames Dach zu bringen: Kleidung, Kosmetik, Accessoires und Kulinarisches. Und so ist es auch heute noch.
hamngatan 18-20, www.nk.se, telefon: 08 7628000, geöffnet: mo-fr 10.00-20.00, sa 10.00-18.00, so 11.00-17.00, t-bana: t-centralen

(26) Männer mit Geschmack und Stil werden bei **Volt** garantiert fündig. Und Männer, die ihren Stil noch suchen, bekommen hier professionelle Anleitung. Im Sortiment sind vor allem schwedische Marken vertreten. Ob eine Jeans für die Freizeit, einen Anzug fürs Büro, ein freches Hemd oder neue Schuhe für die bevorstehende Party – Volt hat alles.
hamngatan 10-14, www.voltfashion.com, telefon: 08 51817710, geöffnet: täglich 10.00-19.00, t-bana: t-centralen

VOLT 26

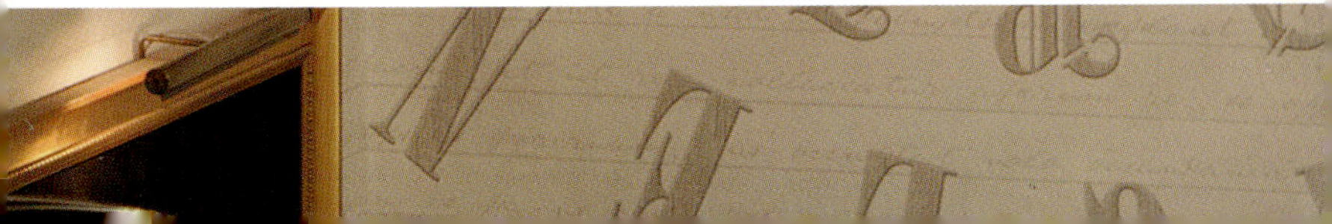

Stockholm live

(9) Das **Dansens Hus** ist ein Theater für modernen Tanz, in dem schwedische und internationale Ensembles auftreten. Während des alljährlichen Festivals Urban Connection kann man nicht nur Tanzvorstellungen, sondern auch Ausstellungen und Workshops besuchen.
barnhusgatan 14, www.dansenshus.se, telefon: 08 50899090, öffnungszeiten und preise siehe website, t-bana: hötorget

(10) Über einen kleinen Innenhof gelangt man ins **Centralbadet**. Sowohl innen als auch außen ist dieses Schwimmbad aus dem Jahr 1904 ganz im Jugendstil gehalten. Man kann hier herrlich im Wasser relaxen, in der Sauna schwitzen oder eine Massage genießen. Ein idealer Ort, um einen verregneten oder kalten Tag dort zu verbringen.
drottninggatan 88, www.centralbadet.se, telefon: 08 54521300, geöffnet: mo-fr 7.00-21.00, sa 9.00-21.00, so 9.00-18.00, preis: mo-do 250 sek, fr-so 350 sek, t-bana: hötorget

(12) Auf dem Platz **Hötorget** (Heumarkt) werden seit mehr als 400 Jahren Waren angeboten. War es um 1600 nur Heu, bekommt man heute neben Blumen auch Obst und Gemüse, alles toll präsentiert. Im Herbst kommen Liebhaber von Pilzen voll auf ihre Kosten. Die Händler verstehen es, Kunden an ihren Stand zu locken – einfach vorbeizugehen ist fast unmöglich. Sonntags gibt es am Hötorget einen Antiquitäten- und Trödelmarkt.
hötorget, markt geöffnet: mo-fr 7.30-18.00, sa 7.30-16.00, so 10.00-18.00, t-bana: hötorget

IMAGIN
MEXICO · FOLKETS GRAFIK
UTSTÄLLNING OCH VERKSTAD
KULTURHUSET STOCKHOLM DEC '87 – FEB '88
RINGMÄRKT
LARS JONSSON OCH
BRUTUS ÖSTLING
GALLERI 5, VÅN 5 | 22 MAJ–22 AUGUSTI 2010 | FRI ENTRÉ
Kulturhuset Stockholm
ASTRID
ANNA EMILIA
LINDGREN
24.3 – 2.9 2007
Kulturhuset Stockholm
LENNART NILSSON
Någonstans i Stockholm
Speglingar
om fyra förklädda kvinnor
Hannah Cullwick
Grevinnan de Castiglione
Cindy Sherman
Claude Cahun
BAROCKT
5 APRIL–19 OKTOBER 2014
KULTURHUSET STADSTEATERN
Kulturhuset Stockholm
Galleri 3, våning 3, 24 januari – 18 april 2004

⑫ HÖTORGET

(23) Das **Kulturhuset** mit seinen auffälligen Fenstern ist ein typisches Beispiel für die Stadterneuerung der 1960er-Jahre. Der Architekt Peter Celsing bekam den Auftrag, ein einladendes und offenes Haus zu entwerfen, ein kulturelles Wohnzimmer für jedermann. Und das ist ihm gelungen! Theatervorstellungen, Tanzaufführungen, Konzerte, Ausstellungen, Filme, Lesungen und Diskussionsrunden – hier findet jeder etwas, das ihn interessiert. Darüber hinaus gibt es noch verschiedene Cafés, einen Lesesaal mit vielen internationalen Zeitungen sowie eine Schachecke.
sergels torg, www.kulturhusetstadsteatern.se, telefon: 08 50620212, öffnungszeiten und preise siehe website, t-bana: t-centralen

(28) **Fjäderholmarna** sind diejenigen Inseln der Skärgård (der Schärenküste), die Stockholm am nächsten sind. In nur 25 Minuten gelangt man zu den "Federinseln". Man trifft sich zum Sonnen, Baden oder Essen, spaziert entlang der roten Schwedenhäuser oder besucht das Freilufttheater. Auch sehenswert sind die Fischräucherei, die Glasbläserei und ein Atelier.
fjäderholmarna, boot ab nybrokajen, kajplats 12, www.fjaderholmarna.se, www.strommakanalbolaget.com, telefon: 08 12004000, fährbetrieb: mai-sept. täglich jede stunde, früheste hinfahrt 10.30, späteste rückfahrt 23.00, preis: 130 sek (hin und zurück), t-bana: kungsträdgården

(29) Der **Kungsträdgården** ist der einstige Gemüsegarten des Königspalasts. Lange Zeit durften nur die Mitglieder des Königshauses und ihr Personal das Gelände betreten. Später wurde auch der Stockholmer Adel zugelassen und inzwischen ist der Park für alle geöffnet. Im Frühling ist die Kirschbaumblüte bei Fotografen ein beliebtes Motiv, im Sommer sind die Terrassen gut gefüllt und es finden Konzerte und Veranstaltungen statt. Im Winter kann man zu Musik eislaufen.
kungsträdgården, www.kungstradgarden.nu, t-bana: kungsträdgården

Normalm

SPAZIERGANG 2 (ca. 5 km)

Gönnen Sie sich nach dem Aufstieg im Park Observatorielunden eine Erfrischung mit einer Waffel (1). Den Park verlassen und in die Drottninggatan einbiegen. Hungrig? Dann rechts oder links in die Tegnérgatan, um etwas zu essen (2) (3). Danach erneut der Drottninggatan folgen – im Straßenpflaster befinden sich Texte von Strindberg (4) – und eine Kaffeepause (5) einlegen. Dann links in die Wallingatan einbiegen, um die Deckenmalereien in der Kirche (6) zu bewundern. Zurück in der Drottninggatan ist eine Shoppingtour angesagt. Bei Fröken söt (7) ein buntes Kleid anprobieren. Etwas weiter rechts in die Barnhusgatan abbiegen, um Tacos (8) und Tanz (9) zu genießen. Über den Innenhof des Kongresszentrums zurück zur Drottninggatan. Hinter dem Tor gegenüber befindet sich ein Schwimmbad (10). Weiter geht es Richtung Kungsgatan und dort rechts, um schwedische Produkte zu kaufen (11). Zurückgehen und die Drottninggatan überqueren. Links liegt das PUB. Rechts sehen Sie die Marktstände des Hötorget (12), an dem sich auch die Markthalle (13) befindet. Den Markt überqueren, um die Konzerthalle (14) und den Orfeusbrunnen (15) zu bewundern. Dann rechts wieder der Kungsgatan folgen, um bei Granit (16) schöne Aufbewahrungslösungen zu kaufen. Etwas weiter sehen Sie die Türme (17) und unter der zweiten Brücke wartet ein Imbiss (18). Dann nebenan mit der Rolltreppe zur Regeringsgatan. Die Straße überqueren, um Schokolade zu kaufen (19), und links abbiegen, um etwas zu trinken oder zu essen (20) (21). Wieder zurück zur Regeringsgatan, der Straße bis zur Mäster Samuelsgatan folgen und diese schräg nach rechts überqueren, um den Platz mit dem Glas-Obelisken (22) zu besuchen. Die Treppe hinabsteigen, um im Kulturhuset (23) schöne Designgadgets (24) zu erstehen. In der Hamngatan finden Sie das ultimative Kaufhaus Stockholms (25). Männer werden vielleicht auch noch ein Stück weiter fündig (26). Danach am Norrmalmstorg vorbei Richtung Berzeliipark gehen, um asiatisch zu essen (27). Setzen Sie danach am Nybrokajen nach Fjäderholmarna über (28) oder gehen Sie zum Kungsträdgården (29) weiter, um U-Bahn-Kunst (30) (Eingang Arsenalsgatan) oder die rote Kirche (31) zu bewundern und die Kungliga Operan (32) zu besuchen. Den Spaziergang mit schwedischer Hausmannskost (33) abschließen.

Sehenswürdigkeiten

① Im **Historiska Museet** erfahren Sie alles über die schwedische Geschichte. Das Museum hat eine große Sammlung archäologischer Funde aus der Urzeit und zeigt, wie die Wikinger gelebt haben. Im Sommer werden viele Aktivitäten für Kinder angeboten, zum Beispiel Brot backen wie die Urahnen. Imposant ist auch die Guldrummet (Goldkammer). Dort können Sie Schmuck und Gebrauchsgegenstände bestaunen, darunter drei einzigartige, kunstvolle Halsketten.
narvavägen 13-17, www.historiska.se, telefon: 08 51955600, geöffnet: di & do-so 11.00-17.00, mi 11.00-20.00, juni-aug. täglich 10.00-18.00, eintritt: 100 sek, sept.-mai fr & mi von 16.00-20.00 frei, t-bana: karlaplan

③ Kungliga Dramatiska Teatern (Königliches Dramatisches Theater) lautet der vollständige Name des Theaters, doch die meisten Stockholmer sagen nur kurz und bündig: **Dramaten**. Das Theater wurde 1908 mit dem Bühnenstück *Mäster Olof* von August Strindberg feierlich eröffnet. Am Bau des Jugendstilgebäudes mit seinen auffälligen Golddekorationen waren viele berühmte schwedische Künstler beteiligt. So stammen die Skulpturen an der Fassade von Carl Milles, während Carl Larsson die Deckenmalereien im Marmorsaal fertigte. Die (übrigens auf 37 °C beheizte) Skulptur an der Ecke stellt Margaretha Krook dar, die im vorigen Jahrhundert eine sehr bekannte und geachtete Schauspielerin war. An dieser Stelle stand sie häufig und rauchte – vor oder nach der Vorstellung – eine Zigarette.
nybroplan 2, www.dramaten.se, telefon: 08 6656100, geöffnet: führung: sa 17.00, eintritt: 60 sek, t-bana: östermalmstorg

⑤ Die besondere **Hedwig-Eleonora-Kirche** wurde 1737 geweiht und ist der schwedischen Königin Hedwig Eleonora gewidmet. Es handelt sich um einen achteckigen Zentralbau. Bei dieser im 17. und 18. Jahrhundert in Skandinavien sehr beliebten Bauweise ist die Einrichtung meistens symmetrisch angeordnet und zur Mitte hin gerichtet.
storgatan 7, www.hedvigeleonora.se, telefon: 08 54567570, geöffnet: täglich 11.00-18.00, eintritt: frei, t-bana: östermalmstorg

Essen & Trinken

② **Speceriet** ist ein kleines Lokal für nur 22 Gäste. Einen Tisch zu reservieren ist nicht möglich, aber wenn man zu zweit und frühzeitig kommt, wird man in der Regel einen Platz ergattern. Zur Auswahl stehen zwei bis drei Gerichte, die man sich auch teilen kann. Das Restaurant ist schlicht, aber stilvoll mit Tischplatten aus Stein und bequemen Hockern aus hellem Holz eingerichtet.
artillerigatan 14, www.speceriet.se, telefon: 08 6623060, geöffnet: mo & sa 17.00-22.00, di-fr 11.30-14.00 & 17.00-22.00, preis: 105-215 sek, mittagessen 135 sek, t-bana: östermalmstorg

⑦ Wer zum Mittagessen ein geeignetes Lokal sucht, ist bei **Lilla Greta** richtig. Hier kommt nur das auf den Tisch, was auch der Koch mag. Und alles ist hausgemacht. Der Schwerpunkt liegt auf der schwedischen Küche, garniert mit einer mediterranen oder asiatischen Note. Die Karte ist übersichtlich, aber ein köstlicher Salat, eine feine Suppe oder ein leckeres Nudelgericht gehören zum Standardrepertoire.
sibyllegatan 14, fb lillagreta, telefon: 070 7884703, geöffnet: mo-fr 10.00-15.00, preis: 95 sek, t-bana: östermalmstorg

⑨ In Schweden leben zwar viele Polen, aber polnische Restaurants gibt es in Stockholm nur wenige. **Mormors Kök** ("Großmutters Küche") gehört dazu. Mit den gehäkelten Vorhängen wirkt das Lokal zwar etwas kitschig, aber auch sehr gemütlich. Unbedingt probieren sollten Sie eine der Piroggen-Varianten, mit Fleisch oder Kartoffeln gefüllte Teigtaschen. Das Rezept bekommen Sie gratis dazu – allerdings nur, wenn Sie ein Mitglied der Lepek-Familie heiraten!
sibyllegatan 47, www.mormorskok.se, telefon: 08 6639613, geöffnet: mo-fr 11.30-14.30 & 17.00-23.00, sa 17.00-23.00, preis: 200 sek, mittagessen 105 sek, t-bana: östermalmstorg

⑩ Das Restaurant **Nybrogatan 38** hat von frühmorgens bis nach Mitternacht geöffnet und ist immer gut besucht. Für die Gerichte lässt sich der Koch von der schwedischen und französischen Küche inspirieren. Ein Omelett gibt es sowohl zum Frühstück als auch als Abendgericht. Reservieren empfohlen!
nybrogatan 38, www.nybrogatan38.com, telefon: 08 6623322, geöffnet: mo-di 7.30-0.00, mi-fr 7.30-1.00, sa 10.00-1.00, so 10.00-0.00, preis: 190 sek, frühstück 45-95 sek, mittagessen ab 145 sek, t-bana: östermalmstorg

BRASSERIE GODOT (23)

(11) Das Mittagessen ist in Schweden die wichtigste Mahlzeit. Die Stockholmer gehen dazu am liebsten in die **Östermalms Saluhall**. In diesem überdachten Markt kann man auch köstliche Delikatessen kaufen oder direkt vor Ort genießen. Bei **Tysta Mari** zum Beispiel bekommen Sie schwedische Hausmannskost und bei **Lisa Elmqvist** exquisite Fisch- und Krustentiergerichte.
östermalmstorg 1, www.ostermalmshallen.se, geöffnet: mo-do 9.30-18.00, fr 9.30-19.00, sa 9.30-16.00, preis: ab 100 sek, t-bana: östermalmstorg

(14) In das Kaffeehaus **Sturekatten** gelangt man über eine etwas versteckt liegende Treppe. Machen Sie es sich in den alten Sesseln bequem und genießen Sie köstliche Kuchen, Torten und Kekse aus der eigenen Bäckerei.
riddargatan 4, www.sturekatten.se, telefon: 08 6111612, geöffnet: mo-fr 8.00-19.00, sa 10.00-18.00, so 11.00-18.00, preis: bulle oder stück kuchen 25-45 sek, t-bana: östermalmstorg

(21) Im Restaurant **Sturehof** tragen die Bedienungen weiße Matrosenjacken mit goldenen Epauletten. Lassen Sie sich davon nicht abschrecken! Vor allem die Fischspezialitäten sind sehr gut, aber auch weniger Fischbegeisterte kommen auf ihre Kosten. Probieren Sie als Vorspeise die Krebssuppe oder die Kombination aus verschiedenen Heringsspezialitäten. In der ersten Etage befindet sich **Obaren**, eine beliebte Bar am Stureplan.
sturegallerian 42, www.sturehof.com, telefon: 08 4405730, geöffnet: mo-fr 7.30-2.00, sa 12.00-2.00, so 12.00-0.00, preis: 260 sek, t-bana: östermalmstorg

(23) Die **Brasserie Godot** ist stets gut besucht, und vor allem die Östermalmer kommen zahlreich zum Essen hierher. Reservieren ist also notwendig. Auf der Karte stehen französische Klassiker wie Escargots (Schnecken), Chèvre chaud (warmer Ziegenkäse) und Tatar.
grev turegatan 36, www.godot.se, telefon: 08 6600614, geöffnet: mo-di 17.00-23.00, mi-do 17.00-0.00, fr-sa 17.00-1.00, preis: 270 sek, t-bana: östermalmstorg

(24) Im Restaurant **Ekstedt** wird das Essen über einem Holzfeuer, im Holzofen oder auf einem holzbefeuerten Herd zubereitet. Allerdings verleiht dies nicht nur den Gerichten eine rauchige Note, sondern nach einigen Stunden auch Ihren Kleidern.
humlegårdsgatan 17, www.ekstedt.nu, telefon: 08 6111210, geöffnet: di-fr ab 18.00, sa ab 16.00, preis: vier-gänge-menü 790 sek, t-bana: östermalmstorg

ÖSTERMALMS SALUHALL (11)

(25) **Pontus!** ist das ideale Restaurant, um zu zweit oder im kleinen Kreis etwas zu feiern. Die romantischen Sitzplätze, das köstliche Essen und der perfekte Service garantieren einen wunderbaren Abend. Beginnen Sie mit einem Amuse-Gueule und lassen Sie sich dann vom Koch überraschen. Eine preiswertere Alternative, die ebenfalls beachtliche Qualität bietet, ist das hauseigene Bistro **Pocket**.
norrlandsgatan 33, www.pontusfrithiof.com, telefon: 08 54527300, geöffnet: restaurant mo-di 11.30-14.00 & 18.00-22.00, mi-fr 11.30-14.00 & 18.00-23.00, sa 18.00-23.00, bistro mo-di 11.00-14.00 & 17.00-21.00, mi-do 11.00-14.00 & 16.00-21.00, fr 11.00-14.00, sa 12.00-16.00, preis: restaurant 300 sek, bistro 180 sek, mittagessen ab 115 sek, t-bana: östermalmstorg

(26) **Albert & Jack's** ist ein "deli" mit eigener Bäckerei. Die Zutaten kommen überwiegend aus Schweden und sind in der Regel aus biologischem Anbau. Das Frühstück oder Mittagessen kann man vor Ort genießen, aber auch mitnehmen, um es zum Beispiel auf einer Parkbank gegenüber in aller Ruhe zu sich zu nehmen. Außer belegten Brötchen gibt es Salate und Suppen.
engelbrektsgatan 3, www.albertjacks.se, telefon: 08 6115001, geöffnet: mo-fr 7.00-16.00, sa 9.00-16.00, preis: 32-125 sek, t-bana: östermalmstorg

(30) **Saturnus** ist ein gut besuchtes Café in Östermalm. Morgens trinkt man hier einen Kaffee und liest Zeitung, mittags genießt man ein Brötchen oder eine riesige *kanelbulle* (Zimtschnecke) und am Abend eine einfache Mahlzeit. Am Wochenende kommen viele zum Brunchen.
eriksbergsgatan 6, www.cafesaturnus.se, telefon: 08 6117700, geöffnet: mo-fr 8.00-20.00, sa-so 9.00-19.00, preis: 150 sek, t-bana: östermalmstorg

(31) Orientalische Atmosphäre, köstliche Mezze und gegrilltes Fleisch – das bietet das **Beirut Café**. Es liegt mitten im Zentrum und ist bei den Bewohnern von Östermalm sehr beliebt. Es gibt hier zwei Essensrunden: Die erste startet um 18 Uhr und die zweite um 21 Uhr. Reservieren wird empfohlen.
engelbrektsgatan 37, www.beirutcafe.se, telefon: 08 212025, geöffnet: mo-sa 17.00-1.00, so 17.00-23.00, preis: 280 sek, mezze 85-145 sek, t-bana: tekniska högskolan

(32) In der Mittagszeit wird das **Foam** vor allem von Leuten besucht, die in der Nähe wohnen oder arbeiten. Die Gäste lassen sich Pasta, Salate oder Sandwiches schmecken. Probieren Sie auch den leckeren Espresso.
karlavägen 75, www.cafefoam.com, telefon: 08 6600996, geöffnet: mo-do 8.00-21.00, fr 8.00-19.00, sa-so 11.00-19.00, preis: 145 sek, mittagessen 55-160 sek, t-bana: stadion

(33) Griechisch, türkisch oder beides? Bei **Halv Grek plus Turk** bekommen Sie das Beste aus beiden Küchen. Von Tzatziki und Calamaris bis zu frittiertem Haloumi (Käse) mit Walnuss-Pflaumen-Chutney und karamellisiertem Huhn mit Knoblauch und Zitrone.
jungfrugatan 33, www.halvgrekplusturk.se, telefon: 08 6659422, geöffnet: mo-fr 11.30-14.00 & 17.00-0.00, sa 17.00-0.00, so 18.00-0.00, preis: mezze 50-99 sek, mittagessen 140 sek, t-bana: stadion

ALBERT &
JACK'S
GRÖT
SPECIAL

Shoppen

(4) Das Motto von **Blueberry** ist "Health starts with attitude: eat positive, think positive". Und daher findet man hier frische Smoothies und Säfte, Wraps, Salate und gesunde Snacks voller Vitamine und Mineralien. Neben Gerichten zum Mitnehmen können Sie im Laden auch selbst gemachte Marmelade, Müsli, Tee und Hautpflegeprodukte kaufen.
sibyllegatan 15, www.blueberrylifestyle.se, telefon: 08 6612550, geöffnet: mo-fr 10.00-18.00, sa 11.00-15.00, t-bana: östermalmstorg

(6) Bei **Herr Judit** legt man großen Wert auf Qualität, Tragekomfort und hochwertige Materialien. Männer, die dies ebenfalls tun, kaufen hier ihre Hemden. Neben Neuware findet man auch Secondhand- und Vintage-Kleidung. Noch mehr Auswahl bietet die Filiale auf Södermalm (Hornsgatan 65).
sibyllegatan 29, www.herrjudit.se, telefon: 08 6637047, geöffnet: mo-fr 11.00-18.00, sa 11.00-16.00, t-bana: östermalmstorg

(8) Bei **Gamla Lampor** geht einem wortwörtlich ein Licht auf. Der Laden im Souterrain ist vollgepackt mit Secondhand-Designerlampen und dazwischen einigen Stühlen, Hockern und Uhren. Wer eine Original-PH-Lampe oder eine Industrielampe für den Essbereich sucht, hat hier vielleicht Erfolg.
sibyllegatan 18, www.gamla-lampor.se, telefon: 08 6119035, geöffnet: mo-fr 11.00-18.00, sa 11.00-16.00, t-bana: östermalmstorg

(12) Bei **Svensk Slöjd** gibt es Handwerk aus allen Ecken Schwedens. Zum Beispiel das *dalahästar*, das weltbekannte (rote) Holzpferd aus Dalarna, und samische Holzschnitzereien, bunte Stoffe und Schmuck. Außerdem gibt es vor den Feiertagen passende Angebote.
nybrogatan 23, www.svenskslojd.se, telefon: 08 6636650, geöffnet: mo-fr 11.00-18.00, sa 11.00-15.00, t-bana: östermalmstorg

(13) **Riddargatan 12** bietet eine große Damenkollektion, bestehend aus liebevoll ausgewählten Kleidungsstücken von skandinavischen, französischen, italienischen und niederländischen Designern.
riddargatan 12, www.riddargatan12.se, telefon: 08 6110837, geöffnet: mo-fr 10.30-18.30, sa 10.30-17.00, t-bana: östermalmstorg

BLUEBERRY.
RAW
EKOLOGISKT
BLÅBÄRSPULVER
HEALTH STARTS WITH ATTITUDE!
SE-EKO-03
4

12

(15) Seit über zehn Jahren sind Ann Ringstrand und Stefan Söderberg die führenden Designer von **Hope**. Ihre Kleidung für Sie und Ihn lässt sich am besten als stilvoll, klassisch, funktionell und leicht oversized bezeichnen, ist aber vor allem ausgefallen. 2010 gewann Hope den Guldknappen, einen bedeutenden Designpreis.
smålandsgatan 14, www.hope-sthlm.com, telefon: 08 41064123, geöffnet: mo-fr 10.00-19.00, sa 10.00-17.00, so 12.00-17.00, t-bana: östermalmstorg

(16) Die Kosmetikprodukte, die es bei **Pure** gibt, lassen Sie nicht nur toll aussehen – sie sind auch gut für Ihre Haut. Für jeden Hauttyp gibt es die passenden Produkte und für jeden Geschmack die richtige Farbe – am besten sich beraten lassen. Tipp: Wer will, kann von einem Profi geschminkt werden.
mäster samuelsgatan 11, www.pureofsweden.com, telefon: 08 6783319, geöffnet: mo-fr 11.00-18.00, sa 11.00-16.00, t-bana: östermalmstorg

(17) **Antikt, Gammalt & Nytt** ist ein winzig kleiner Secondhandladen, in dem besonders schöne Schmuckstücke und Hüte verkauft werden. Gut zu wissen: *nytt* (neu) steht für die 1960er- und 1970er-Jahre, *gammalt* (alt) für 100 Jahre Altes und *antikt* (antik) für ganz Altes. Es gibt sogar Ohrringe aus dem 18. und 19. Jahrhundert!
mäster samuelsgatan 11, telefon: 08 6783530, geöffnet: mo-fr 11.00-18.00, sa 11.00-16.00, t-bana: östermalmstorg

(18) Ben Gorham hat 2006 seine eigene Duftmarke **Byredo** ins Leben gerufen. Geboren in Schweden, erhielt der Sohn einer Inderin und eines Kanadiers seine Ausbildung in Frankreich – mehr multikulti geht nicht. Seinen Parfums, Bodylotions und Duftkerzen merkt man es an, das hier ein absoluter Profi am Werk ist. Die Besonderheit an seinen Kreationen: Sie sind sowohl für Sie als auch für Ihn. Und wer auf der Suche ist nach einer passenden Bodylotion zu seinem Lieblingsduft, der findet bei Byredo bestimmt das Richtige.
mäster samuelsgatan 6, www.byredo.com, telefon: 08 52502610, geöffnet: mo-fr 11.00-18.30, sa 11.00-17.00, t-bana: östermalmstorg

15

17

28

28

PASTA DENTIFRICA
Couto
PASTA DENTIFRICA
Couto
PASTA DENTIFRICA
Couto

28

⑲ Wer farbenfrohe Socken mit ausgefallenen Mustern sucht, wird bei **Happy Socks** ganz sicher fündig. Entworfen werden die Socken in einem roten Holzhäuschen im Zentrum der Stadt von zwei Herren, die etwas mehr Farbe und Freude ins tägliche Leben bringen wollen.
mäster samuelsgatan 9, www.happysocks.com, telefon: 08 6118702, geöffnet: mo-fr 11.00-19.00, sa 11.00-17.00, t-bana: östermalmstorg

⑳ Die Silberschmiedin und gebürtige Stockholmerin **Efva Attling** bezeichnet ihr Design als "Beauty with a thought". Sie verleiht ihrem Schmuck und Uhren für Frauen wie für Herren eine extra Dimension, indem sie einzelne Wörter und Ausdrücke in ihren Entwürfen verarbeitet.
biblioteksgatan 14, www.efvaattling.com, telefon: 08 6119080, geöffnet: mo-fr 10.00-19.00, sa 10.00-17.00, so 12.00-16.00, t-bana: östermalmstorg

㉘ **Snickarbacken 7** ist nicht nur die Adresse, sondern auch der Name eines Concept Store mit Kaffeebar. Früher beherbergte das völlig renovierte Gebäude einen Pferdestall und danach eine Autowerkstatt. Heute wird hier schwedische Markenware verkauft. Nach dem Stöbern kann man gleich noch eine Tasse Kaffee und ein Sandwich bestellen.
snickarbacken 7, www.snickarbacken7.se, telefon: 08 6671022, geöffnet: laden mo-fr 11.00-18.00, sa 11.00-16.00, so 12.00-16.00, kaffeebar mo-fr 8.00-18.00, sa 10.00-18.00, so 11.00-17.00, t-bana: östermalmstorg

Stockholm live

(22) Im **Sturebadet**, dem exklusivsten Spa von Stockholm, stehen Gesundheit, Bewegung und Entspannung im Vordergrund. Saunen, verschiedene Kurbäder, Aromatherapie, Massagen und Fitness machen dieses Badehaus zu einem Wellnesstempel.
sturegallerian 36, www.sturebadet.se, telefon: 08 54501500, geöffnet: mo-fr 6.30-22.00, sa-so 8.30-20.30, preis: spa-tag mo-do 495 sek, fr & so 795 sek, sa 995 sek, t-bana: östermalmstorg

(27) Der **Humlegården** war der königliche Obstgarten, in dem auch duftende Kräuter und vor allem *humle* (Hopfen) gediehen. Im 18. Jahrhundert wurde dieser Park für die Öffentlichkeit zugänglich gemacht und seitdem finden sich hier tagtäglich viele Sonnenanbeter, Sportler und Eltern mit Kinderwagen ein. Im Sommer lädt das **Debaser** mit seiner Terrasse zum Essen oder zu einem Drink ein. Ein zentraler Platz im Park kommt der Kungliga Biblioteket, der Nationalbibliothek von Schweden, zu.
humlegården, t-bana: östermalmstorg

(29) Lust auf Kino? Dann ab ins **Zita**. Hier werden kleinere Produktionen und Dokumentarfilme gezeigt, nicht nur in schwedischer Sprache. Achtung: Nachsynchronisieren kennt man in Schweden nicht. Da die Stühle sehr bequem sind, steht einem entspannten Kinoabend nichts im Weg.
birger jarlsgatan 37, www.zita.se, telefon: 08 232020, film: 100 sek, t-bana: östermalmstorg

HUMLEGÅRDEN 27

Östermalm

SPAZIERGANG 3 (über 6 km)

Nach dem Museumsbesuch (1) über die Storgatan links in die Artillerigata, um bei Speceriet (2) wunderbar zu lunchen. Am Ende der Straße rechts in die Väpnargatan, wo sich das Dramatische Theater (3) befindet. Werfen Sie auch einen Blick auf die Straßenecke. Danach gegenüber in die Sibyllegatan, um einen gesunden Snack mitzunehmen (4). An der Ecke zur Storgatan liegt eine besondere Kirche (5). Die Storgatan überqueren, um Männermode anzuprobieren (6), eine Pause einzulegen (7), eine tolle Lampe zu kaufen (8) oder polnische Piroggen zu essen (9). Danach zweimal links gehen. Nybrogatan 38 beherbergt ein gemütliches Restaurant (10). Vielleicht möchten Sie einen Tisch für den Abend reservieren? Weitergehen, bis Sie ein großes Backsteingebäude erblicken. Die Markthalle (11) sollten Sie unbedingt besuchen. Souvenirs gibt es bei Svensk Slöjd (12). Danach rechts in die Riddargatan. Bei Hausnummer 12 (13) weiß man, was schön ist. Oder gönnen Sie sich bei Sturekatten eine *fika* (14). Achtung, das Café liegt etwas versteckt. Danach zweimal links in die Birger Jarlsgatan und dann die zweite Straße rechts (Smålandsgatan) – Zeit für eine ausgiebige Einkaufstour. Stockholmer Mode finden Sie bei Hope (15), originelle Boutiquen rechts in der Norrlandsgatan und rechts in der Mäster Samuelsgatan (16) (17) (18) (19). Schmuckfans zieht es in die Biblioteksgatan (20). Am Ende die Straße Richtung Stureplan überqueren, um Fisch, Hummer oder Austern zu essen (21). In der Sturegallerian finden Sie einen Wellnesstempel (22). Die Passage rückseitig verlassen und links in die Grev Turegatan. An der Ecke der zweiten Kreuzung liegt die Brasserie Godot (23). Über die Linnégatan (links) erreichen Sie links die Brahegatan. Riechen Sie das Holzfeuer schon (24)? Über die Humlegårdsgatan und die Sturegatan gelangen Sie wieder in die Birger Jarlsgatan. Dort rechts abbiegen und ein romantisches Essen genießen (25). Oder einen Coffee to go (26) mitnehmen und im Park entspannen (27). Zurück in die Birger Jarlsgatan und dieser nordwärts folgen. In der Querstraße Snickarbacken finden Sie bei der Hausnummer 7 den Ort für schwedische Mode und einen Kaffee (28). Etwas weiter können Sie sich einen Film anschauen (29). Schräg gegenüber, in der Eriksbergsgatan, befindet sich ein gemütliches Café (30), und wer Mezze mag, sollte die Engelbrektsgatan (31) besuchen. Mehr Lust auf mediterranes Essen? Dann verlängern Sie den Spaziergang Richtung Karlavägen (32) (33).

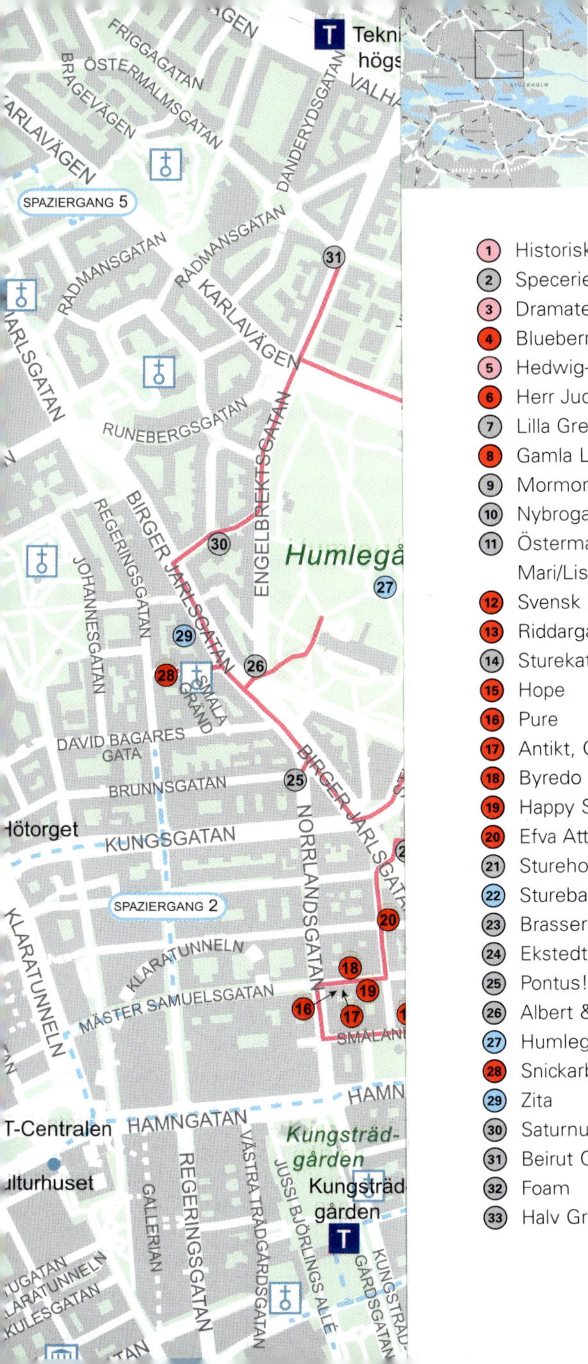

3

1. Historiska Museet
2. Speceriet
3. Dramaten
4. Blueberry
5. Hedwig-Eleonora-Kirche
6. Herr Judit
7. Lilla Greta
8. Gamla Lampor
9. Mormors Kök
10. Nybrogatan 38
11. Östermalms Saluhall/Tysta Mari/Lisa Elmqvist
12. Svensk Slöjd
13. Riddargatan 12
14. Sturekatten
15. Hope
16. Pure
17. Antikt, Gammalt & Nytt
18. Byredo
19. Happy Socks
20. Efva Attling
21. Sturehof/Obaren
22. Sturebadet
23. Brasserie Godot
24. Ekstedt
25. Pontus!/Pocket
26. Albert & Jack's
27. Humlegården
28. Snickarbacken 7
29. Zita
30. Saturnus
31. Beirut Café
32. Foam
33. Halv Grek plus Turk

ÜBER DIESEN SPAZIERGANG

Ein sehr abwechslungsreicher Spaziergang, quer durch die jahrhundertealte Geschichte Stockholms. Hier finden Sie neben malerischen alten Häuschen auch das Szeneviertel SoFo, das Sie unbedingt gesehen haben müssen. Die Gegend gehört zu den Highlights der Stadt!

+ SÖDER IST IMMER EINEN BESUCH WERT
+ FÜR SÖDERMALM SOLLTE MAN EINEN GANZEN TAG EINPLANEN
+ NICHT FAHRRADTAUGLICH WEGEN DER STEIGUNGEN UND TREPPEN

Sehenswürdigkeiten

(17) **Stomatol** ist der Name einer bekannten schwedischen Zahncreme. Diese Marke verdankt ihre Bekanntheit vor allem der Tatsache, dass sie die erste animierte Leuchtreklame Schwedens in den Stockholmer Nachthimmel setzte: erst 1909 auf Katarinahissen, später dann auf das Dach von Klevgränd 1B. Man sieht sie natürlich am besten im Dunkeln.
slussen (aud dem dach von klevgränd 1b), t-bana: slussen

(19) Die **Katharinenkirche** (Katarina Kyrka) wurde 1695 geweiht und war in dieser Zeit durch die Hexenverfolgungen berühmt-berüchtigt. Nach dem ersten Brand 1723 erhielt die Kirche achteckige Türme. 1990 brannte die Kirche zum zweiten Mal ab. Danach wurde sie nach Originalzeichnungen wiederaufgebaut. Damit hat sich die Prophezeiung einer alten Sage, dass hier zwei Mal Kirchtürme aufragen sollen, erfüllt.
högbergsgatan 13, www.svenskakyrkan.se/katarina, telefon: 08 7436840, geöffnet: mo-sa 11.00-17.00, so 10.00-17.00, t-bana: medborgarplatsen

(20) An der Nytorgsgatan 5 steht ein winziges rotes Holzhaus, das als **das kleinste Haus von Stockholm** gilt. Man kann sich fast nicht vorstellen, dass hier jemals Menschen gewohnt haben!
nytorgsgatan 5a, geöffnet: nicht öffentlich zugänglich, t-bana: medborgarplatsen

(22) **Fotografiska** befindet sich in einem alten Jugendstil-Zollhaus und zeigt Ausstellungen bekannter Fotografen wie Annie Leibovitz und Anton Corbijn. Es gibt auch eine hauseigene Galerie, in der in Wechselausstellungen Werke heutiger schwedischer und internationaler Fotografen erstmalig in Schweden präsentiert werden.
stadsgårdshamnen 22, www.fotografiska.eu, telefon: 08 50900500, geöffnet: täglich 9.00-23.00, eintritt: 120 sek, t-bana: slussen oder bus: 2, 3, 53, 76 tjärhovsplan

15 DROP COFFEE

Essen & Trinken

(7) Die Teigtaschen von **Steam** werden mit Reis, Salat oder sogar mit einer Nudelsuppe serviert. Neben den frisch zubereiteten und mit Fisch oder Fleisch gefüllten Varianten stehen diverse Suppen, Salate und kleine Asiagerichte auf der Karte. Wer sich nicht hinsetzen will, kann die Teigtaschen auch mitnehmen.
krukmakargatan 19, www.steam.nu, telefon: 08 55913300, geöffnet: mo-fr 11.00-20.00, sa 12.00-17.00, so 13.00-20.00, preis: 55-128 sek, t-bana: mariatorget

(8) Schweden sind absolute Eisliebhaber, egal, ob es draußen warm oder kalt ist. Wie gut, dass **18 Smaker** das ganze Jahr über geöffnet hat. Der Name der Eisdiele ist übrigens Programm, denn es gibt tatsächlich 18 Eissorten – alle hausgemacht aus biologischen Zutaten und ohne künstliche Aromen. Wenn Sie Ihr Eis am Monteliusvägen genießen, bekommen Sie noch eine herrliche Aussicht auf Stockholm gratis dazu.
hornsgatan 64b, www.18smaker.se, telefon: 08 4620395, geöffnet: täglich 10.00-19.00, im sommer bis 21.00, preis: 25 sek für die erste kugel, dann 10 sek je kugel, t-bana: mariatorget

(10) Das Konzept von Vater und Sohn **Kalf & Hansen** ist einfach, aber durchdacht: nordisches, saisonabhängiges Bio-Fast-Food. Zur Auswahl stehen Fisch-, Fleisch- oder vegetarische Buletten und die Beilagen "Stockholm", "Oslo" oder "Kopenhagen". Oder anders gesagt: warmes Gemüse, ein Salat oder ein Brötchen. Ganz wichtig ist den Betreibern die Umwelt: Ob Küchengeräte oder Kleidung des Personals, alles ist secondhand. Gelebte Nachhaltigkeit!
mariatorget 2, www.kalfochhansen.se, telefon: 08 55153151, geöffnet: mo-fr 9.00-19.00, sa 10.00-16.00, preis: 70-90 sek, t-bana: mariatorget

(11) Verantwortungsbewusst essen, darum dreht sich alles bei **8T8**. Alle Waren in diesem Feinkostladen/Take-away – darunter ein großes Angebot an Rohkostprodukten – sind bio. Ein warmes Mittagessen bekommen Sie in der hauseigenen Nudelbar. Probieren Sie die köstliche Nudelsuppe oder den tollen Nudelsalat, beide glutenfrei.
swedenborgsgatan 1, www.8t8.se, telefon: 08 6435510, geöffnet: mo-fr 10.00-20.00, sa 10.00-17.00, nudelbar mo-fr 11.00-14.00, sa 12.00-15.00, preis: 95 sek, take-away 90 sek, t-bana: mariatorget

(12) Auf der Suche nach der besten *kanelbulle* (Zimtschnecke) der Stadt? Dann ist die Bäckerei **Petrus** ein klarer Favorit. Keine Lust auf Zimt? Dann bietet sich eine andere Spezialität der Bäckerei an: Walnuss-Brioche. Köstlich zum Tee.
swedenborgsgatan 4b, fb bageripetrus, telefon: 08 6415211, geöffnet: mo-fr 7.00-18.00, sa 8.00-15.00, preis: zimtschnecke 20 sek, t-bana: mariatorget

(15) Schweden gehört weltweit zu den Ländern mit dem höchsten Kaffeekonsum. Wer deshalb überall hohe Qualität erwartet, wird leider enttäuscht werden. Aber zum Glück gibt es das **Drop Coffee**, ein Café mit einer Rösterei. Hier werden die sorgsam ausgewählten Bohnen noch vor Ort geröstet. Spezialität des Hauses: handgefilterter Kaffee, der tassenweise frisch gebrüht wird, von Kennern slow coffee genannt. Besser kann man die Aromen nicht zur Geltung kommen lassen.
wollmar yxkullsgatan 10, www.dropcoffee.se, telefon: 08 41023363, geöffnet: mo-fr 7.30-18.00, sa-so 10.00-17.00, preis: kaffee 35-45 sek, t-bana: mariatorget

(18) **Woodstockholm** ist einem Glücksfall zu verdanken. Bei ihrer Suche nach passenden Räumlichkeiten stießen drei schwedische und ein thailändischer Designer auf einen Kiosk, der verkauft werden sollte. Sie schlugen zu und bieten jetzt neben Holzmöbeln und Wohnaccessoires auch vegetarische Suppe, Salate und geröstete Brötchen an. Im Sommer gibt es Tische auf dem Platz vor dem Kiosk, den Rest des Jahres sitzt man drinnen an langen Tischen.
mosebacke torg 9, fb woodstockholminstockholm, telefon: 070 7441551, geöffnet: mo-fr 9.00-15.00, sa-so 11.00-15.00, preis: mittagessen 75-105 sek, t-bana: slussen

(21) Das beste vegetarische Restaurant Stockholms ist das **Hermans**. Das Buffet umfasst mindestens 16 verschiedene Salate und vier warme Gerichte, die aus biologischen Zutaten zubereitet werden. Das Team von Hermans ist international, und die verschiedenen kulturellen Hintergründe werden in der Küche spannend umgesetzt. Am Wochenende widmet man sich einer bestimmten Region wie Mittlerer Osten oder Indien. Das Restaurant hat eine schöne Terrasse mit Veranda: Üppige Pflanzen, Hängematten, ein toller Blick und Gegrilltes (vegetarisch!) sorgen für einen unvergesslichen Abend.
fjällgatan 23b, www.hermans.se, telefon: 08 6439480, geöffnet: täglich 11.00-21.00, preis: mittagsbüfett 115 sek, abendbüfett mo-do 179 sek, fr-so 240 sek, bus: 71 tjärhovsplan

PETRUS (12)

Restaurang Aktiebolaget Kvarnen
Restaurang
Klassisk
Husmanskost
Bar

36 KVARNEN

(31) Das **Café String** hat eine ganz spezielle Geschichte. Es war früher mal ein Antiquitätengeschäft, in dem man auch Kaffee trinken konnte. Jetzt ist es genau andersherum: Nun ist es ein Café, in dem man das Mobiliar kaufen kann. Auf der Mittagskarte stehen belegte Brote, Nudelgerichte und *bakad potatis* (gefüllte Kartoffeln, zum Beispiel mit Garnelensalat). Das Frühstücksbuffet am Samstag und Sonntag ist sehr beliebt, kommen Sie also frühzeitig.
nytorgsgatan 38, www.cafestring.se, telefon: 08 7148514, geöffnet: mo-do 9.00-22.00, fr-so 9.00-19.00, preis: 55-90 sek, frühstücksbüfett 80 sek, t-bana: medborgarplatsen

(32) Das **Nytorget Urban Deli** ist eine Mischung aus Bistro und Delikatessen-supermarkt, in dem Brot aus eigener Bäckerei und Bio-Gemüse erhältlich sind. Da das Lokal sich großer Beliebtheit erfreut und reservieren nicht möglich ist, sollte man frühzeitig kommen oder genügend Zeit mitbringen.
nytorget 4, www.urbandeli.org, telefon: 08 59909180, geöffnet: so-di 8.00-23.00, mi-do 8.00-0.00, fr-sa 8.00-1.00, preis: 200 sek, mittagessen 115 sek, t-bana: medborgarplatsen

(33) Die gehäkelten Vorhänge sind nicht jedermanns Sache und das Essen – Wurst, Spätzle und Schnitzel – würde man in Stockholm vielleicht auch nicht erwarten. Dennoch ist die **Bar Central** mit ihrer mitteleuropäischen Küche, den Bieren und Weinen durchaus empfehlenswert für ein Mittag- oder Abendessen, vor allem am Wochenende. Haben Sie schon mal *langos* (frittierten Brotteig) mit Forelleneiern, roten Zwiebeln und *smetana* (Schmand) probiert? Wer nur ein Bier trinken möchte, ist hier auch gut aufgehoben.
skånegatan 83, www.barcentral.se, telefon: 08 6442420, geöffnet: di-do 17.00-0.00, fr 16.00-0.00, sa 12.00-0.00, so 12.00-22.00, preis: 215 sek, t-bana: medborgarplatsen

(36) Im **Kvarnen**, einem Restaurant mit zwei Bierhallen, gibt es schwedische Gerichte zu günstigen Preisen. Im Sommer kann man auf einer Terrasse am Medborgarplatsen gegenüber der Götgatan sitzen. Vor allem am Wochenende ist der hauseigene Nachtclub (Eld) sehr voll.
tjärhovsgatan 4, www.kvarnen.com, telefon: 08 6430380, geöffnet: mo-di 11.00-1.00, mi-fr 11.00-3.00, sa 12.00-3.00, so 12.00-1.00, terrasse (apr.-okt.) 11.00-0.00, preis: 155 sek, mittagessen 93 sek, t-bana: medborgarplatsen

Shoppen

① Wer die Produkte des schwedischen Labels Filippa K schön, aber etwas zu hochpreisig findet, muss trotzdem nicht darauf verzichten – dank **Filippa K Second Hand**. Die Kleidung, die in dieser Boutique verkauft wird, ist so gut wie neu, der Preis aber stark reduziert.
hornsgatan 77, www.filippaksecondhand.se, telefon: 08 6681530, geöffnet: mo-fr 11.00-18.00, sa 11.00-16.00, t-bana: zinkensdamm

② Bei **Judits Second Hand** findet man vor allem Damenkleidung und Accessoires aus den 1950er-, 1960er- und 1970er-Jahren, aber auch moderne Secondhandkleidung sowie Taschen, Sonnenbrillen und Schuhe.
hornsgatan 75, www.judits.se, telefon: 08 844510, geöffnet: mo-fr 11.00-18.30, sa 11.00-16.30, t-bana: zinkensdamm

③ Die Produkte von **House of Rym** sind aus dem Zusammenwirken von modernem schwedischem Design und traditionellem tunesischem Handwerk entstanden. Das Angebot umfasst zum Beispiel bunte Fliesen, Service mit hübschen Motiven und große Hamam-Tücher.
hornsgatan 73, www.houseofrym.com, telefon: 08 6583003, geöffnet: mo-fr 11.00-18.30, sa 11.00-16.00, t-bana: zinkensdamm

④ **Papercut** ist ein außergewöhnlicher Laden mit einem großen Angebot an internationalen Magazinen, Büchern und CDs sowie einer einmaligen DVD-Auswahl. Liebhaber können hier mühelos Stunden mit Schmökern, Stöbern und Hören zubringen.
krukmakargatan 24-26, www.papercutshop.se, telefon: 08 133574, geöffnet: mo-fr 11.00-18.30, sa 11.00-17.00, so 12.00-16.00, t-bana: mariatorget

⑤ Einkaufen bei **Nitty Gritty** ist nicht ganz ohne, denn den schönen Dingen kann man kaum widerstehen. Und wenn Mann mal nicht fündig wird, hat er vielleicht bei **Our Legacy** (*www.ourlegacy.se*) nebenan mehr Erfolg. Dort wartet klassische Männermode, wie man sie heute trägt.
krukmakargatan 24-26, www.nittygrittystore.com, telefon: 08 6582440, geöffnet: mo-fr 11.00-18.30, sa 11.00-17.00, so 12.00-16.00, t-bana: mariatorget

BRANDSTATIONEN ⑥

⑥ **Brandstationen** gehört zu Herr Judit (siehe Seite 66) und befindet sich in einer ehemaligen Feuerwache aus dem frühen 20. Jahrhundert. Aber Vorsicht: Die schönen Secondhand-Designerartikel sowie der Antik- und Retroschmuck können einen unwiderstehlichen Kaufdrang auslösen.

krukmakargatan 22, www.herrjudit.se, telefon: 08 6583010, geöffnet: mo-fr 11.00-18.00, sa 11.00-17.00, so 12.00-16.00, t-bana: mariatorget

(13) Taschen von **Sandqvist** finden bereits seit Jahren weltweit Absatz, aber erst seit 2011 hat die Marke auch einen eigenen Laden. Die Kombination aus Segeltuch und Leder verleiht dem klassischen Stil der Taschen eine unverkennbare Note. Inspirationsquelle der Designer: die schwedische Landschaft mit ihren Bergen, Seen und Wäldern.
swedenborgsgatan 3, www.sandqvist.net, telefon: 076 2210475, geöffnet: mo-fr 11.00-18.30, sa 11.00-17.00, so 12.00-16.00, t-bana: mariatorget

(14) Wer sich neu einkleiden möchte, dafür aber nicht zu viel ausgeben will, sollte bei **Bric-a-Brac** vorbeischauen. Die zwei schwedischen Designer, die den Laden eröffnet haben, präsentieren zeitlose Kleidung mit einer nostalgischen Note. Das Besondere: Die aus natürlichen Materialien gefertigten Stoffe zeigen verschiedene Nuancen einer Farbe und haben tolle Muster.
swedenborgsgatan 5a, www.bric-a-brac.se, telefon: 08 6400241, geöffnet: mo-fr 11.00-18.00, sa 11.00-16.00, so 12.00-16.00, t-bana: mariatorget

(16) Auf der Suche nach typisch schwedischem Lebensgefühl? Dann sollten Sie bei **Voss & Kompani** vorbeischauen. Links können Sie Knäckebrot mit Hering, Lachs, *kötbullar* (Fleischbällchen) oder Rentierfleisch kosten, rechts im Laden bekommen Sie echt schwedische Produkte wie Stiefel, Holzschuhe, Körbe, aber auch Schmuck.
hornsgatan 34, www.vosskompani.com, telefon: 08 6503515, geöffnet: mo-fr 11.00-18.00, sa 11.00-16.00, so 12.00-16.00, t-bana: mariatorget

(23) Im **manos** verkauft die Keramikerin Karin Eriksson handgefertigte Keramik und andere, von ihr ausgewählte Designprodukte. Sie liebt einfache Objekte, die schön, langlebig und witzig sind und deren Herkunft sie kennt.
renstiernas gata 22, www.manos.se, telefon: 08 6551160, geöffnet: mo-do 11.00-18.30, fr 11.00-18.00, sa 11.00-16.00, bus: 71 tjärhovsplan

(24) Für hübsche Kleidung, die es sonst nirgends zu kaufen gibt, muss man zu **Tjallamalla** gehen. Hier wird Mode sowohl von schwedischen Star- als auch von jungen Designern verkauft. Schuhe, Schmuck, Accessoires und Vintage für die Frau und den Mann ergänzen das besondere Sortiment.
folkungagatan 86, www.tjallamalla.com, telefon: 08 6407847, geöffnet: mo-fr 11.00-18.00, sa 11.00-17.00, t-bana: medborgarplatsen

NITTY GRITTY (5)

(25) Wer neue Sneakers braucht oder seine Turnschuh-Sammlung vervollständigen möchte, der wird hier bestimmt fündig: Adidas, Nike, Reebok, Puma – alle bekannten Marken sind bei **Sneakersnstuff** vertreten.
åsögatan 124, www.sneakersnstuff.com, telefon: 08 7430322, geöffnet: mo-fr 11.00-18.30, sa 11.00-17.00, so 12.30-16.30, t-bana: medborgarplatsen

(26) **Konst-ig** ist der größte unabhängige Kunstbuchhandel Skandinaviens und eine wahre Fundgrube für Liebhaber von Büchern aus Bereichen wie Fotografie, Architektur, Illustration und Grafikdesign. Ein Laden für echte Kunstfreunde.
åsögatan 124, www.konstig.se, telefon: 08 204520, geöffnet: mo-fr 11.00-18.30, sa 11.00-17.00, so 12.00-16.00, t-bana: medborgarplatsen

23

JUDITS
second hand
2

2

35

(27) Um Regen gut gelaunt zu trotzen, lohnt sich die Anschaffung eines echten **Stutterheim**, einer handgefertigten Regenjacke, die stark an einen "Friesennerz" oder Ölzeug erinnert. Trotz des stolzen Preises, den man dafür zahlt, sind die Jacken ungemein beliebt. Und wen schert schon der Preis, wenn Promis aus dem In- und Ausland sich in einem solchen Teil ablichten lassen.
åsögatan 132, www.stutterheim.com, telefon: 08 40810398, geöffnet: mo-fr 12.00-18.00, sa-so 12.00-16.00, t-bana: medborgarplatsen

(28) Die Designerin Julia Nielsen ist die Frau hinter **Hipp!**. Oft sieht man sie in ihrem Atelier im hinteren Bereich des Ladens selbst Hand anlegen und neue Kreationen entwerfen. Das Sortiment des Ladens umfasst farbenfrohen Schmuck, Wohnaccessoires und Dekoartikel.
nytorgsgatan 36, www.hippstory.com, telefon: 08 4620093, geöffnet: mo-fr 11.00-18.00, sa 11.00-17.00, t-bana: medborgarplatsen

(29) In den 1980er-Jahren trug die halbe Welt die berühmten Holzschuhe aus Schweden. Heute sind sie auch wieder erhältlich, im Flagship-Store von **Swedish Hasbeens**, aber jetzt ganz zeitgemäß in allen möglichen Farben und Formen. Außerdem im Angebot: Gummistiefel und Taschen.
nytorgsgatan 36, www.swedishhasbeens.com, telefon: 08 7020101, geöffnet: mo-fr 12.00-18.00, sa 12.00-17.00, t-bana: medborgarplatsen

(30) Bei **Pärlans Konfektyr** fühlt man sich in die 1930-Jahre, die große Zeit des Toffeebonbons, zurückversetzt. Der kleine Laden ist mit Mobiliar aus jener Zeit eingerichtet, auch das Personal ist entsprechend gekleidet. Die Toffees werden von Hand hergestellt und sind eine einzige Versuchung, vor allem die mit Vanille und Meersalz oder mit Süßholz.
nytorgsgatan 38, www.parlanskonfektyr.se, telefon: 08 6607010, geöffnet: mo-fr 10.00-18.00, sa 11.00-17.00, t-bana: medborgarplatsen

(35) Bei **Coctail Deluxe** findet man ein Sammelsurium von schönen, lustigen und manchmal kitschigen Dingen für zu Hause. Auch echte Designerstücke werden hier angeboten. Für Kinder gibt es bunte Geschenke, Spiele und auch Schmuck.
bondegatan 34, www.coctail.nu, telefon: 08 6420741, geöffnet: mo-do 11.30-18.30, fr 11.30-18.00, sa 11.00-17.00, so 12.00-16.00, t-bana: medborgarplatsen

Stockholm live

(9) Der **Monteliusvägen** ist ein Fußweg entlang der hohen Felsen von Mariaberget am Nordufer von Södermalm. Die Aussicht auf Kungsholmen, Riddarholmen, Gamla Stan und die anderen Teile der Stadt ist einfach überwältigend. Am Weg sind Tische aufgestellt, die zum Picknick einladen.
monteliusvägen, t-bana: mariatorget

(34) **Bergsprängargränd und Mäster Persgränd** sind zwei geschichtsträchtige Straßen in der Nähe der Sophiakirche (Sofia kyrka). Hier findet man noch alte, aus Holz erbaute Arbeiterhäuschen aus dem 17. Jahrhundert, einer Zeit, als die beiden Straßen zum Armenviertel Södermalm gehörten. Bei einem Spaziergang kann man sich gut vorstellen, wie die Menschen damals gelebt haben. Manche Häuser scheinen nach wie vor ohne Elektrizität und Kanalisation auszukommen.
bergsprängargränd & mäster persgränd, t-bana: medborgarplatsen

(37) Auf dem **Medborgarplatsen** ist im Winter recht wenig los. Startschuss ist der 1. April, dann stellen die Cafés ihre Tische und Stühle wieder nach draußen, der Platz füllt sich und der Frühling kann beginnen! Jetzt heißt die Devise: sich einen Stuhl schnappen, ein kühles Bier bestellen und den Klängen einer Band lauschen. Tipp: An der Westseite des Platzes gibt es eine Markthalle, die Södermalms Saluhall, in der man auch zu Mittag essen kann.
medborgarplatsen, t-bana: medborgarplatsen

BERGSPRÄNGARGRÄND ㉞

Södermalm

SPAZIERGANG 4 (7,5 km)

In der Hornsgatan mit einer Shoppingtour beginnen 1 2 3. Dann rechts in die Rosenlundsgatan und gleich wieder rechts 4 5. In die andere Richtung durch die Krukmakargatan weitergehen, wo Secondhanddesign 6 und Teigtaschen 7 warten. Dann über die Torkel Knutssonsgatan zurück in die Hornsgatan. Rechts bekommen Sie Eis 8. Links in die Timmermansgatan, die Treppe hinauf, geradeaus, die nächste Treppe hinunter und dann rechts die Aussicht genießen 9. Bis zur Blecktornsgränd weitergehen, dieser folgen und die Hornsgatan überqueren, um zum Mariatorget zu gelangen. Gut lunchen können Sie rechts an der Ecke 10. Den Park in Richtung Swedenborgsgatan durchqueren. Hier können Sie etwas essen 11, eine kanelbulle 12 genießen, reizvolle Taschen 13 oder hübsche Kleidung 14 kaufen oder einen Kaffee trinken 15. Den gleichen Weg zurückgehen und rechts in die Hornsgatan. An der linken Straßenseite entlanggehen, um in schwedisches Ambiente einzutauchen 16. Bei der Slussen angelangt, können Sie die Stomatol-Werbung bewundern 17. Der Götgatan folgen, die Treppe links zur Urvädersgränd nehmen und Richtung Mosebacke Torg gehen. Beim Kiosk eine Teepause einlegen 18. Über die Svartensgatan und Fiskargatan gelangen Sie zur Katharinenkirche 19. Danach links zur Nytorgsgatan 5 20. Dann ein paar Schritte zurückgehen und links in die Mäster Mikaels Gata. Den Cornelisparken Richtung Fjällgatan durchqueren, wo ein Buffet wartet 21. Die Treppe in Richtung Fotografiska 22 hinabsteigen oder oben bleiben und in der Renstiernas Gata Keramik 23 bewundern. Zurück in die Kocksgatan und dann links. Hier in SoFo finden Sie zahlreiche hippe Läden und Cafés. Fashionistas machen einen Abstecher rechts in die Folkungagatan 24. Ansonsten geradeaus gehen und links über die Östgötagatan in die Åsögatan 25 26 27 und danach rechts in die Nytorgsgatan 28 29 30 31 32. Am Park entlang der Skånegatan folgen, um ein Bierchen 33 zu trinken. An der Kreuzung quer über die Straße, dann die Treppe hinaufgehen und die alten Arbeiterhäuschen bestaunen 34. Zurück in die Skånegatan. Bei einem kurzen Schlenker rechts in die Bondegatan ein Geschenk erstehen 35. Ansonsten weitergehen und der Skånegatan folgen. Über die Katarina Bangata rechts in die Götgatan, um den Spaziergang in der Tjärhovsgatan 36 mit *köttbullar* oder am Medborgarplatsen 37 mit einem Drink abzuschließen.

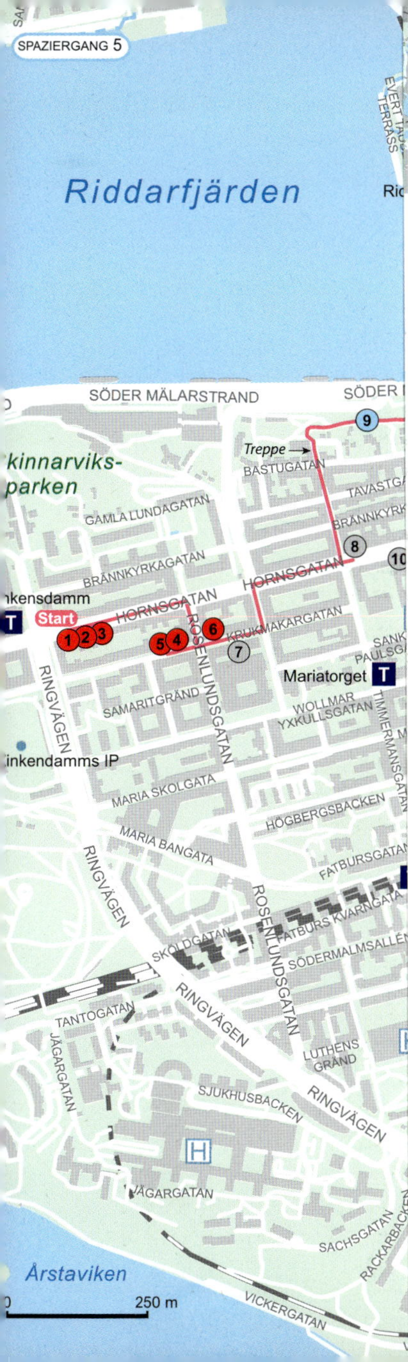

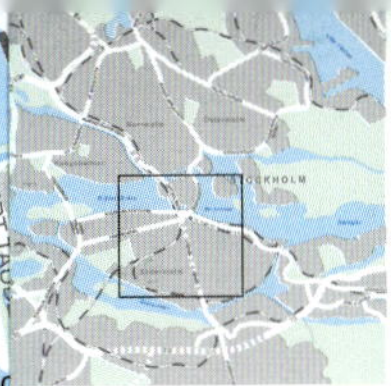

4

1. Filippa K Second Hand
2. Judits Second Hand
3. House of Rym
4. Papercut
5. Nitty Gritty/Our Legacy
6. Brandstationen
7. Steam
8. 18 Smaker
9. Monteliusvägen
10. Kalf & Hansen
11. 8T8
12. Petrus
13. Sandqvist
14. Bric-a-Brac
15. Drop Coffee
16. Voss & Kompani
17. Stomatol
18. Woodstockholm
19. Katharinenkirche
20. Das kleinste Haus von Stockholm
21. Hermans
22. Fotografiska
23. Manos
24. Tjallamalla
25. Sneakersnstuff
26. Konst-ig
27. Stutterheim
28. Hipp!
29. Swedish Hasbeens
30. Pärlans Konfektyr
31. Café String
32. Nytorget Urban Deli
33. Bar Central
34. Bergsprängargränd/Mäster Persgränd
35. Coctail Deluxe
36. Kvarnen
37. Medborgarplatsen

ÜBER DIESEN SPAZIERGANG

Dieser lange Spaziergang führt durch einen eher unspektakulären Teil der Stadt und hält nur wenige Sehenswürdigkeiten bereit. Dafür kann man endlos shoppen, essen und trinken. Touristen trifft man hier nur selten. Natürlich kann man den Spaziergang auch umgekehrt oder per Rad absolvieren.

+ SCHÖNE ROUTE, WENN MAN STOCKHOLM SCHON KENNT
+ PRIMA: NACHMITTAGS SHOPPEN, ABENDS LECKER ESSEN
+ DEN SPAZIERGANG KANN MAN GUT MIT DEM RAD ZURÜCKLEGEN

Sehenswürdigkeiten

⑥ Das Gebäude, in dem sich **Stockholms Stadsbibliotek** befindet, ist ein Entwurf von Gunnar Asplund. Weil es eine seiner wichtigsten Schöpfungen war, wurde der moderne Bau nach ihm Asplundhuset genannt. 1928 war es die erste öffentliche Bibliothek Schwedens, in der die Besucher ihre Bücher selbst aussuchen durften, ohne einen Bibliothekar fragen zu müssen. Einmalig ist die runde Bauform, im Inneren sind die Bücher in einem großen Kreis angeordnet.
sveavägen 73, www.biblioteket.stockholm.se, telefon: 08 50831060, geöffnet: mo-do 9.00-21.00, fr 9.00-19.00, sa-so 12.00-16.00, eintritt: frei, t-bana: rådmansgatan

⑪ Im Dreieck zwischen Odengatan und Karlbergsvägen fällt die prachtvolle **Gustav-Wasa-Kirche** (Gustaf Vasa Kyrkan) richtig auf. Das im italienischen Neobarockstil errichtete Gotteshaus wurde 1906 geweiht. Sehenswert sind die Deckenmalereien in der Kuppel und der Marmoraltar mit Skulpturen, die 1731 für den Dom in Uppsala gefertigt wurden. Wenn man die Kirche über den Hintereingang in der Västmannagatan betritt, gelangt man in die Souterrainräume der Kirche, Lillkyrkan und Columbariet, in denen sich Urnen befinden.
karlbergsvägen 1-5, www.gustafvasa.nu, telefon: 08 50888600, geöffnet: mo-do 11.00-18.00, fr 10.00-15.00, sa-so 11.00-15.00, eintritt: frei, t-bana: odenplan

㉝ Das **Stadshuset** (Rathaus) ist vielleicht das bekannteste Gebäude Stockholms. Schon von Weitem sieht man den Turm mit dem Nationalsymbol Schwedens, den drei Kronen. Der Bau des Rathauses dauerte von 1911 bis 1923. Das Gebäude hat sowohl national-romantische als auch moderne Stilelemente. Inspiriert von den italienischen Renaissancepalästen ließ Architekt Ragnar Östberg das Rathaus rund um zwei Plätze errichten: den Bürgerhof und den Blauen Saal. Im Blauen Saal (der übrigens nicht blau ist, weil Östberg am Ende doch Backsteine statt eines blauen Putzes bevorzugte) findet alljährlich das Nobelpreis-Bankett statt. Der Goldene Saal, der prachtvoll mit einem Mosaik aus Blattgold und Glas geschmückt ist, ist die Bühne für die Nobelgala. Der Rathausturm, der Stadshustornet, kann zwischen Mai und September erklommen werden und bietet eine sensationelle Aussicht.
hantverkargatan 1, www.stockholm.se/stadshuset, telefon: 08 50829058, eintrittspreise, öffnungszeiten und führungen siehe website, t-bana: rådhuset

Essen & Trinken

① Unter der Woche essen viele Einheimische mittags außer Haus, und zwar mit Vorliebe Sushi. Das Mittagslokal **Råkultur** wurde in kurzer Zeit so beliebt, dass es seine Sushis, Nigiris und Sashimis jetzt auch abends anbietet. Das Untergeschoss beherbergt das *izakaya* **Shibumi**, ein japanisches Bistro – der ideale Ort für einen Drink mit einem kleinen, aber köstlichen Snack dazu.
kungstensgatan 2, www.rakultur.se, telefon: 08 6962325, geöffnet: mo-fr 11.30-15.30 & 17.00-22.00, sa 12.00-16.00 & 17.00-22.00, shibumi di-sa 18.00-1.00, preis: ab 109 sek (sushi, 9 st.), t-bana: tekniska högskolan

② Wer gerne mit getoastetem Sandwich, einem Stück Kuchen oder einer Suppe in den Tag startet, kann dies im **Café Birger no 76** tun. Alles stammt aus der eigenen Küche. Oder gönnen Sie sich zwischendurch einen Kaffee mit einem Stück hausgemachten Kuchen oder einer *bulle* (Schnecke). Am Wochenende kommen viele Einheimische zum Brunchen.
birger jarlsgatan 76, www.cafébirger.se, telefon: 08 209740, geöffnet: täglich 10.00-17.00, preis: mittagessen 110 sek, brunch 229 sek, t-bana: rådmansgatan

③ **Sibiriens Soppkök** ist ein kleines Restaurant im Souterrain, in dem nur Suppen serviert werden, die frisch aus der winzigen Küche kommen. Probieren Sie die Hühnersuppe mit Zucchini, Mangochutney und Basilikum, die Wildsuppe mit Pfifferlingen und Preiselbeeren oder die Avocadosuppe mit Shrimps.
roslagsgatan 25, www.sibirienssoppkok.se, telefon: 08 150014, geöffnet: mo-fr 10.00-21.30, sa 12.00-21.30, preis: mahlzeitsuppe 130 sek, t-bana: tekniska högskolan

④ Lassen Sie sich nicht vom Kantinenambiente im **Café Sirap** abschrecken! Das wäre nämlich schade, denn dann verpassen Sie die köstlichen Heidelbeerpfannkuchen mit Frühstücksspeck und *sirap* (Zuckerrübensirup). Auch die Salate und Sandwiches schmecken toll. Sonntags reicht die Warteschlange oft bis auf die Straße. Es kommen viele Stammgäste, von denen das Personal genau weiß, wer Kaffee oder Tee trinkt und wie der sein soll. Erstaunlich!
surbrunnsgatan 31a (ecke tulegatan), www.cafesirap.se, telefon: 08 6129419, geöffnet: mo-fr 8.30-16.00, sa-so 11.00-17.00, preis: frühstück ab 80 sek, salat 100 sek, brunch ab 120 sek, t-bana rådmansgatan

CAFÉ BIRGER NO 76 ②

⑤ In der **Non Solo Bar** soll es den besten Kaffee von ganz Stockholm geben. Da schmeckt das Frühstück umso besser. Auch die Nudelgerichte sind köstlich. Das reichhaltige Salatbuffet eignet sich bestens für den kleinen oder auch großen Hunger zwischendurch.
odengatan 34, www.nonsolobar.com, telefon: 08 4402082, geöffnet: mo-fr 7.00-21.00, sa-so 9.00-18.00, preis: 115 sek, t-bana: rådmansgatan

23

4

⑧ **Stockholms Matvarufabrik**, in der sich ab 1926 eine Schlachterei befand, wurde 1990 in ein Restaurant umgewandelt. Die Einrichtung ist nach wie vor nüchtern, aber durch die hübschen Tischdecken wirkt das Lokal doch gemütlich. Die Gerichte sind eine Mischung aus moderner französischer und schwedischer Küche.

idungatan 12, www.matvarufabriken.com, telefon: 08 320704, geöffnet: mo-fr ab 17.00, sa ab 18.00, so brunch 11.30-15.30, preis: 190 sek, brunch 125 sek, t-bana: odenplan

(9) **Lilla Aarts** klingt zwar schwedisch, ist aber flämisch. Der Inhaber ist halber Flame, wer daher Pommes erwartet, wird jedoch enttäuscht. Zum Frühstück gibt es frisches Brot mit einem Ei, Frühstücksspeck und Käse, mittags steht Diverses auf der Karte: Fisch- und Fleischgerichte sowie Gemüsesuppen und Salate – alles bio.
norrtullsgatan 24, www.aartsmat.se, telefon: 08 330400, geöffnet: mo-fr 8.00-15.00, preis: mittagessen 100 sek, t-bana: odenplan

(10) Bei einem Städtetrip kann die gesunde Ernährung schon mal zu kurz kommen. Wie gut, dass es das **Juiceverket** gibt! Hier werden köstliche frisch gepresste Obst- und Gemüsesäfte oder -shakes angeboten. Nehmen Sie ein Brötchen dazu und schon haben Sie ein vollwertiges Frühstück oder Mittagessen. Einige Säfte tragen einprägsame Namen wie zum Beispiel "Rod Stewart" mit Kiwi, Heidelbeeren, Apfel und roter Grapefruit. Ob Einrichtung, Personal oder Gäste – bei Juiceverket ist alles hip.
norrtullsgatan 21, www.juiceverket.se, telefon: 08 319100, geöffnet: mo-fr 8.00-19.00, sa 10.00-18.00, so 11.00-17.00, preis: saft ab 43 sek, sandwich 68 sek, t-bana: odenplan

(12) Fantastische Zutaten, fantastische Gerichte und fantastische Köche – das ergibt **Lilla Ego**. Die Inhaber, beide mit jahrelanger Kocherfahrung auf höchstem Niveau, haben das Lokal selbst eingerichtet – kein edler Schnickschnack, eine schlichte Ausstattung, teils sichtbares Mauerwerk und eine Speisekarte, die an der Wand hängt. Alles nicht so wichtig, wenn man den ersten Bissen auf der Zunge zergehen lässt. Die Küche ist schwedisch, aber nicht alltäglich.
västmannagatan 69, www.lillaego.com, telefon: 08 274455, geöffnet: di-sa 17.00-23.00, preis: 280 sek, t-bana: odenplan

(17) Was ist schlecht an einem Hamburger? Gar nichts, wenn er von **Flippin' Burgers** stammt. Fleisch höchster Qualität, Brot der besten Bäckereien der Stadt, ein gutes Fleisch-Brot-Verhältnis und – last but not least – nicht zu viel Drumherum. Sie sind Vegetarier oder essen nur gluten- oder laktosefrei? Dann finden Sie hier auch etwas.
observatoriegatan 8, www.flippinburgers.se, geöffnet: mo-fr 16.00-22.00, sa-so 12.00-22.00, preis: ab 90 sek, t-bana: odenplan

㉜ WILMER KAFFEBAR

(18) Schweden lieben *smörgåstårta*, eine Torte aus reichlich belegten Butterbroten. Die zum Beispiel mit Garnelen und Lachs belegte Torte ist der Klassiker auf festlichen Buffets. Neugierig? Dann schauen Sie bei **Smörgåstårteriet** vorbei. Hier können Sie auch zu einer kulinarischen Reise durch Schweden aufbrechen, wenn Sie *landskapsresa* bestellen: ein Menü mit fünf Gängen aus fünf verschiedenen Regionen Schwedens.
dalagatan 42, www.smorgastarteriet.se, telefon: 08 949113, geöffnet: mo-fr 11.30-14.00, di-sa 17.30-22.30, preis: 325 sek, landskapsresa 595 sek, mittagessen 115 sek, t-bana: odenplan

(20) Italienische Pizzen mit einer schwedischen Note sind die Spezialität von **The Artisan**. Die Pizzabäcker des Lokals wurden in Rom ausgebildet und wissen, wie der Teig so richtig gut wird: Er muss mindestens 48 Stunden ruhen, bevor er mit den besten Zutaten der Saison belegt wird. Sie können sich nicht entscheiden? Dann bestellen Sie doch verschiedene Pizzastücke.
odengatan 78, www.theartisan.se, geöffnet: di-mi & sa 11.30-18.00, do 11.30-20.00, fr 11.30-21.00, so 12.00-17.30, preis: mittagessen 2 stücke + salat 80 sek, 1 stück 50 sek, 3 stücke 130 sek, t-bana: odenplan

(23) Das **Kaffeverket** ist ein modern, aber freundlich eingerichtetes Café, in dem man leckere belegte Brote und leichte Salate bekommt. Das (Sauerteig-) Brot ist köstlich und stammt vom Nachbarn, von **Bakery and Spice**. Frischer geht's nicht.
sankt eriksgatan 88, www.kaffeverket.nu, telefon: 08 315142, geöffnet: mo-do 7.00-20.00, fr 7.00-18.00, sa 9.00-18.00, so 10.00-18.00, preis: mittagessen 80 sek, t-bana: sankt eriksplan

(24) Keine Straße in Stockholm beherbergt so viel Gastronomiebetriebe wie die **Rörstrandsgatan**. Hier herrscht das typisch relaxte Vasastan-Flair. Vormittags und nachmittags trifft man zahlreiche Mütter und Väter mit Kinderwagen, in der Mittagszeit vor allem Menschen, die in der Nähe arbeiten, und abends kommen die 30-Jährigen auf einen Drink. Unsere Tipps? Zum Kaffeetrinken in die **Mellqvist Kaffebar** und mittags ins **Koffie** (Rohkost) oder **Shanti Touch** bzw. **Bengal**, wenn indisches oder bengalisches Essen angesagt ist.
rörstrandsgatan, t-bana: sankt eriksplan

(27) Dass **AG** mal eine Silbermanufaktur war, erkennt man heute nur noch am Namen (AG ist das Elementsymbol von Silber). Oben an der Treppe dieses Restaurants steht eine große Kühlvitrine, in der das Fleisch abhängt. Neben Fleisch werden aber auch Fischgerichte serviert. Und an der Theke kann man außer einem Glas Wein auch Tapas oder einen saftigen Hamburger bestellen.
kronobergsgatan 37, www.restaurangag.se, telefon: 08 41068100, geöffnet: mo-sa 17.00-1.00, preis: 300 sek, t-bana: fridhemsplan

(28) **Två Systrar & En Kock** gehört den Schwestern Susanne und Sandra. In ihrem kleinen, schlicht eingerichteten Café gibt es neben Frühstück und kleinen Mittagsspeisen auch hausgemachte Scones und anderes Gebäck.
kronobergsgatan 41, www.tvasystrar.nu, telefon: 08 6501045, geöffnet: mo-fr 7.30-14.30, sa-so 9.00-16.00, preis: frühstück 70 sek, mittagessen 90 sek, zum mitnehmen 85 sek, t-bana: fridhemsplan

(30) Im **Café Frankfurt** kann man in gemütlicher Atmosphäre hervorragend frühstücken. Hinter dem Tresen hängt eine große Schultafel, auf der die Schulden der Stammgäste notiert werden. Natürlich kann man den Espresso oder das Frühstück auch gleich bezahlen.
pipersgatan 24, telefon: 08 6507102, geöffnet: mo-fr 8.00-19.00, sa-so 10.00-17.00, preis: frühstück 98 sek, t-bana: rådhuset

(32) Bei ihren Bemühungen, eine richtige Wohnzimmeratmosphäre zu schaffen, sind schon viele Cafés gescheitert, die **Wilmer Kaffebar** jedoch nicht. Hier kann man auf einem Sofa gemütlich eine Tasse Tee oder Kaffee mit hausgemachtem Ananaskuchen (mit Sahne) genießen und den ganzen Nachmittag verbringen.
bergsgatan 30, www.wilmerkaffebar.se, telefon: 070 4718100, geöffnet: mo-do 8.00-18.30, fr 8.00-18.00, sa 9.00-17.00, so 9.30-17.00, preis: mittagessen 85 sek, t-bana: rådhuset

(34) Müde vom Shoppen und Lust auf einen Drink? Dann steht jetzt die schwimmende Terrasse von **Mälarpaviljongen** auf dem Programm. Der Blick auf die untergehende Sonne, die wogenden Wellen, die schaukelnden Boote und die Aussicht auf Västerbron. Ein Muss für Romantiker!
norr mälarstrand 64, www.malarpaviljongen.se, telefon: 08 6508701, geöffnet: mai-sept. täglich 11.00-1.00 (bei schönem wetter), preis: 180 sek, mittagessen 130 sek, t-bana: rådhuset

Jitterbugg
med maräng och
32

5

32

Shoppen

⑦ Wenn Sie meinen, dass nur wenige Menschen Lakritz mögen, liegen Sie falsch. Die Schweden sind verrückt danach. Im Lakritzgeschäft **Lakritsroten** gibt es jede Menge davon. Süßer Lakritz mit Karamell ist übrigens die Lieblingsmischung vieler Lakritzfreunde.
sveavägen 107, www.lakritsroten.se, telefon: 08 4115815, geöffnet: mo-fr 10.00-18.30, sa 10.00-17.00, so 11.00-16.00, t-bana: rådmansgatan

⑬ '**Plagg**' bedeutet Kleidungsstück. Hier werden alle fündig, die nach Mode suchen, die es nicht an jeder Ecke gibt: schwedische Marken wie Dagmar, Filippa K und Twist & Tango. Auch Schuhe und Schmuck sind Teil der Kollektion.
odengatan 75, www.plagg.se, telefon: 08 319004, geöffnet: mo-fr 10.00-18.30, sa 11.00-16.00, so 12.00-16.00, t-bana: odenplan

⑭ In den Straßen von Vasastan reiht sich ein Antiquitäten- und Trödelladen an den anderen – dafür ist das Viertel bekannt. Die **Upplandsgatan** ist ein gutes Beispiel. In den gemütlichen, vollgestopften, manchmal staubigen Läden hat man beste Chancen, alte Spiegel, Kerzenleuchter und Geschirr zu finden. Unbedingt vorbeischauen!
upplandsgatan, geöffnet: mo-fr 11.00-18.00, sa 11.00-15.00, t-bana: odenplan

⑮ **Haberdash** ist der Geheimtipp für die hippen Männer Stockholms. Die Boutique wurde bereits mehrmals zum besten Männermodeladen Schwedens gekürt. Die Kollektion wird mit Sorgfalt unter Berücksichtigung von Qualität, Verarbeitung, Material und nicht zuletzt Schnitt zusammengestellt. Alles zeitgemäß, aber irgendwie auch klassisch. Haberdash setzt auf "slow fashion" – Mode, die man lange tragen kann. Gut für die Umwelt, gut für den Geldbeutel.
upplandsgatan 50, www.haberdash.se, telefon: 08 12446610, geöffnet: mo-fr 11.00-18.30, sa 11.00-17.00, so 12.00-16.00, t-bana: odenplan

⑯ **Stockholms Skivbörs** ist ein kleiner Musikladen, in dem man gebrauchte CDs, darunter auch viele aus jüngster Zeit, kaufen kann. Außerdem gibt es regelmäßig neue CDs zu günstigen Preisen.
upplandsgatan 47, telefon: 08 347740, geöffnet: mo-fr 11.00-18.00, sa 11.00-15.00, t-bana: odenplan

PLAGG 13

(21) Die Kinderkleidung des schwedischen Labels **Mini Rodini** wird entworfen von einer ausgebildeten Illustratorin. Und das sieht man. Die Kleidung für Kids bis elf Jahre ist bunt, fröhlich und jede Saison von einem anderen Schwerpunktthema geprägt wie zum Beispiel Zoo oder Zirkus. Kleidung von Mini Rodini ist sehr beliebt und wird auch gern gebraucht gekauft.
odengatan 80, www.minirodini.com, telefon: 08 314110, geöffnet: mo-fr 11.00-18.30, sa 11.00-17.00, so 12.00-16.00, t-bana: sankt eriksplan

(22) Bei der Auswahl fällt es nicht leicht, sich auf das Nötige zu beschränken. Farblich sortierte Damenmode in allerlei Pastelltönen, coole Accessoires, robuste Holzbänke und schöne Dinge für zu Hause – bei **Magnolia Across the Street** gibt es ein klug zusammengestelltes Sortiment aus Kleidung und Ausstattungsgegenständen.
odengatan 90, www.magnoliaacrossthestreet.se, telefon: 08 306690, geöffnet: mo-fr 11.00-18.30, sa 12.00-16.00, t-bana: sankt eriksplan

(25) Das Mekka der hippen Stockholmer: **Grandpa**. Für manche ist diese Mode mit dem 1970er-Jahre-Touch vielleicht zu ausgefallen oder etwas zu teuer. Trotzdem macht es Spaß, die Regale zu durchstöbern und die Auswahl zu bestaunen. Tipp: Das Haus beherbergt auch das **Café Sixten & Frans**.
fridhemsgatan 43, www.grandpa.se, telefon: 08 6436081, geöffnet: mo-fr 11.00-19.00, sa 11.00-17.00, so (außer juli) 12.00-16.00, t-bana: fridhemsplan

(26) **Artiklar** ist ein Lifestyleladen für Frauen, insbesondere für Mütter. Das sorgfältig zusammengestellte Sortiment umfasst Kleidung, Schuhe, Accessoires, Kinderkleidung, Spielzeug und Wohndesignobjekte.
fleminggatan 65, www.artiklarsthlm.se, telefon: 08 6529335, geöffnet: mo-fr 10.30-18.30, sa 11.00-16.00, so 12.00-16.00, t-bana: fridhemsplan

(29) Auf der Suche nach einem einmaligen Geschenk? Dann dürfen Sie **LOD** nicht verpassen. Hier betreiben sieben Künstler, alle ausgebildet an der Kunst- und Designhochschule Konstfack in Stockholm, einen Laden, ein Atelier und eine Galerie. Ihre gemeinsame Leidenschaft: Metallkunst. Neben Schmuck bieten sie Kunst- und Gebrauchsgegenstände aus Edelmetall an. Einfach toll!
norra agnegatan 40, www.lod.nu, telefon: 08 6522228, geöffnet: di-fr 11.00-18.00, sa 11.00-15.00, t-bana: rådhuset

ARTIKLAR (26)

(31) Einkaufsmeilen in schwedischen Städten sind meist sehr ähnlich – die gleiche Kleidung, die gleichen Accessoires, das gleiche Wohndesign. **Frank Form** ist eine Reaktion auf diese Einförmigkeit: In diesem besonderen Concept-Store findet man Kleidung, Accessoires und Wohndesign, die es sonst nicht überall gibt.
kungsholmsgatan 20, www.frankform.se, telefon: 08 54550500, geöffnet: mo-fr 11.00-18.30, sa 11.00-16.30, t-bana: rådhuset

Stockholm live

(19) Der **Vasaparken** wurde im 19. Jahrhundert angelegt. Während des Ersten Weltkriegs baute man hier, wie in vielen anderen Stockholmer Parks auch, Kartoffeln an. Die Autorin Astrid Lindgren wohnte in Dalagatan und blickte auf den Park, den sie in ihren Büchern regelmäßig erwähnte. Im Winter spielen die Kinder Eishockey, im Sommer trifft man sich zum Picknick.
vasaparken, t-bana: odenplan oder sankt eriksplan

(35) In Schweden gilt das *allemansrätt*, und das bedeutet, dass jeder das Recht hat, die freie Natur zu genießen. **Grillen im Rålambshovsparken** ist also erlaubt, solange man seinen Müll wieder mitnimmt und achtsam mit Feuer umgeht. Kaufen Sie sich im Supermarkt einen Einweggrill (*engångsgrill*) und bei Taylors and Jones (Hantverkargatan 12, *www.taylorsandjones.se*) die besten Würste der Stadt.
rålambshovsparken, t-bana: fridhemsplan

(36) In welcher europäischen Hauptstadt findet man schon mitten in der Stadt einen Naturstrand? Das **Smedsuddsbadet** am Mälaren, dem großen Binnengewässer, an dem Stockholm liegt, ist ein beliebter Badestrand. Unweit befindet sich das **Kafé Kajak**, ein kleines Café, das auch Kajaks vermietet.
smedsuddsvägen 23, www.kafekajak.se, telefon: 08 7380600, geöffnet: im sommer mo-fr 11.00-17.00, sa-so 12.00-17.00, preis: kajakmiete 200 sek/2 std., etwa 10 gehminuten von der t-bana-station fridhemsplan entfernt

GRILLEN IM RÅLAMBSHOVSPARKEN 35

Vasastan & Kungsholmen

SPAZIERGANG 5 (11 km)

Starten Sie mit Sushis oder reservieren Sie einen Tisch für den Abend (1). Dann geht es links Richtung Café Birger no 76 (2) hinter dem kleinen Park. Die Birger Jarlsgatan in Richtung Roslagsgatan überqueren und der Straße folgen, wenn Sie Lust auf Suppe haben (3). Danach zweimal links, um in der Surbrunnsgatan eine Pause (4) einzulegen. Links in die Odengatan, um Espresso zu trinken (5). Das orangefarbene Gebäude zur Linken ist die Bibliothek (6). Kurz davor rechts in den Sveavägen, um Lakritz (7) zu kaufen. Danach über die Frejgatan und die Hagagatan Richtung Idungatan und Norrtullsgatan, wo es zwei Restaurants gibt (8) (9). In der Norrtullsgatan 21 (10) Saft trinken. Rechts ist die mächtige Kirche (11) zu sehen. Einen kurzen Abstecher in die Västmannagatan machen, um einen Tisch für den Abend zu reservieren (12). Dann in den Karlbergsvägen. Gegenüber der Kirche gibt es diverse Läden, wie zum Beispiel Plagg (13) (14) (15) (16) in der Upplandsgatan. An der Ecke können Sie sich mit einem Hamburger stärken (17). Wer Butterbrottorte (18) bevorzugt, geht rechts und dann die zweite Straße wieder rechts. Einen Blick auf den Park (19) werfen. Links in der Odengatan gibt es Pizza und Kleidung (20) (21) (22). Kaffee und Kuchen finden Sie rechts in der Torsgatan (23). Oder weitergehen und einen Stopp in der Rörstrandsgatan (24) einlegen. Danach über die Brücke nach Kungsholmen. Rechts in die Alströmergatan und sofort wieder links in die Fridhemsgatan, um Mode (25) zu kaufen. Wieder links in die Fleminggatan, dort werden Frauen fündig (26). Etwa zurück geht es rechts in die Kronobergsgatan (27) (28). Der Straße bis zum Wasser folgen, rechts abbiegen und bis zu den Treppen rechts weitergehen. Diese führen Sie an Werken des Künstlers Sivert Lindblom vorbei zu einem schönen Innenhof am Grubbensringen. Den Hof über das Torgebäude verlassen und links in die Fleminggatan. Einen Abstecher in die Norra Agnegatan machen, um ein Geschenk zu kaufen (29), oder rechts in die Pipersgatan gehen, um Tee zu trinken (30). Erneut rechts in die Kungsholmsgatan, in der sich ein pfiffiger Laden (31) befindet. Links über die Scheelegatan in die Bergsgatan, um Ananaskuchen (32) zu probieren. Danach rechts und wieder links über die Hantverkargatan Richtung Rathaus (33) und dann am Wasser entlang Richtung Mälarpaviljongen (34). Der Spaziergang endet im Rålambshovsparken, dem idealen Ort zum Grillen (35) oder Baden (36).

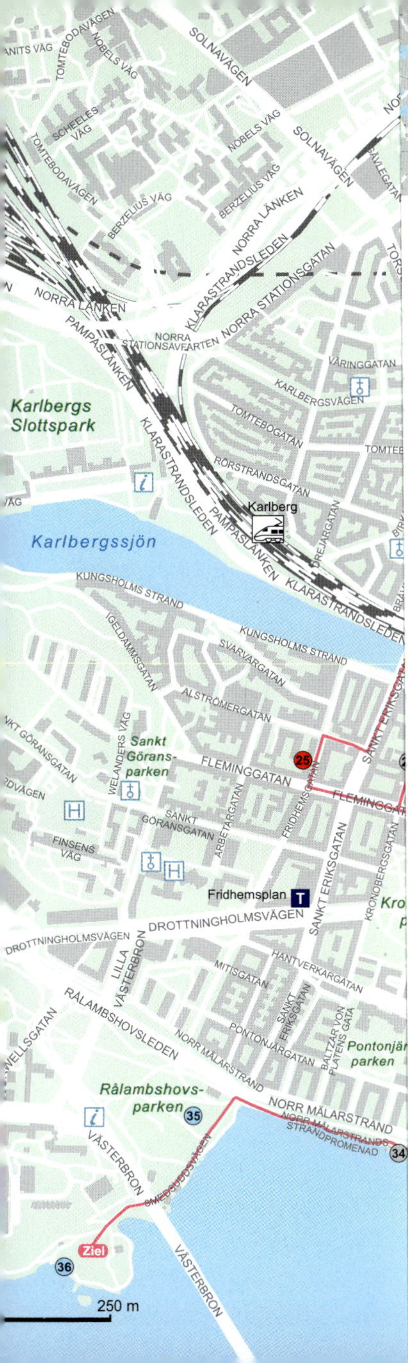

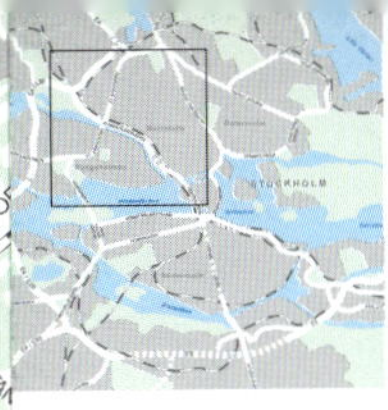

5

1. Råkultur/Shibumi
2. Café Birger no76
3. Sibiriens Soppkök
4. Café Sirap
5. Non Solo Bar
6. Stockholms Stadsbibliotek
7. Lakritsroten
8. Stockholms Matvarufabrik
9. Lilla Aarts
10. Juiceverket
11. Gustav-Wasa-Kirche
12. Lilla Ego
13. Plagg
14. Upplandsgatan
15. Haberdash
16. Stockholms Skivbörs
17. Flippin' Burgers
18. Smörgåstårteriet
19. Vasaparken
20. The Artisan
21. Mini Rodini
22. Magnolia Across the Street
23. Kaffeverket/Bakery and Spice
24. Rörstrandsgatan
25. Grandpa
26. Artiklar
27. AG
28. Två Systrar & En Kock
29. LOD
30. Café Frankfurt
31. Frank Form
32. Wilmer Kaffebar
33. Stadshuset
34. Mälarpaviljongen
35. Grillen im Rålambshovsparken
36. Smedsuddsbadet/Kafé Kajak

ÜBER DIESEN SPAZIERGANG

Natürlich kann man nur wegen eines Museumsbesuchs nach Djurgården fahren, aber das wäre schade. Denn die herrliche Insel hat noch viel mehr zu bieten, wie zum Beispiel zahlreiche Rad- und Wanderwege. Die Südseite ist geradezu prädestiniert für eine Erkundung mit dem Fahrrad. Hinweis: Der Spaziergang ist ziemlich lang und erfordert daher etwas Ausdauer.

+ AUCH FÜR MUSEUMSMUFFEL EINFACH EIN MUSS
+ DIE IDEALE SONNTAGSTOUR
+ EIN PARADIES FÜR FAHRRADFAHRER

Sehenswürdigkeiten

(5) **Skansen** wurde 1891 von Artur Hazelius als erstes Freilichtmuseum der Welt gegründet. Hier erfährt man, wie die Schweden früher gelebt haben. Die historischen Häuser kommen aus allen Landesteilen Schwedens und wurden in Skansen originalgetreu wiederaufgebaut. Im Sommer ist Skansen am schönsten. Dann tragen die "Bewohner" Tracht, führen Volkstänze und Glasbläserkunst vor. Im Tiergarten leben skandinavische Tierarten wie Bär, Elch und Wolf. Auch Feiertage werden in Skansen noch traditionell und zusammen mit Besuchern gefeiert.
djurgårdsslätten 49-51, www.skansen.se, telefon: 08 4428000, öffnungszeiten und preise siehe website, bus: 44 oder straßenbahn: 7 skansen

(8) Die **Liljevalchs Konsthall** ist eine Kunsthalle für moderne Kunst wie Grafikdesign, Fotografie, Mode und Kunsthandwerk. Es gibt wechselnde Ausstellungen, doch Höhepunkte des Jahres sind die Monate Februar und März, wenn Vårsalongen stattfindet. Dann bekommen Künstler die Chance, ihre Werke der Öffentlichkeit zu präsentieren und sie von einer Jury bewerten zu lassen. Tipp: Man kann alle Werke kaufen.
djurgårdsvägen 60, www.liljevalchs.se, telefon: 08 50831330, geöffnet: di & do 11.00-20.00, mi & fr-so 11.00-17.00, eintritt: 80 sek, bus: 44 oder straßenbahn: 7 liljevalchs/gröna lund

(10) Das **Vasamuseet** ist die Top-Attraktion Stockholms. Im Museum dreht sich alles nur um eine einzige Sache: das Kriegsschiff "Vasa". Dieses Schiff ist im Jahr 1628 gesunken, nicht weit vom sicheren Hafen entfernt. Eine der möglichen Ursachen könnte der Größenwahn des damaligen Königs Gustav Adolf gewesen sein: Vielleicht war die Vasa so schwer mit Waffen und Kanonen beladen, dass sie unterging. Erst 1961 konnte man das Schiff bergen. Es wurde rekonstruiert und ist seit 1990 zu besichtigen.
galärvarvsvägen 14, www.vasamuseet.se, telefon: 08 51954800, geöffnet: mo-di & do-so 10.00-17.00, mi 10.00-20.00, juni-aug. täglich 8.30-18.00, eintritt: 130 sek, mi (sept.-mai) 17.00-20.00 100 sek, bus: 44 oder straßenbahn: 7 vasamuseet

⑱ ROSENDALS SLOTT

(13) Das Haus, in dem das **Nordiska Museet** untergebracht ist, prägt die Stockholmer Skyline. Es wurde 1907 im Renaissancestil erbaut und erinnert ein wenig an eine Kathedrale. Im Inneren heißt ein riesiges Bild von Gustav Wasa, gemalt von Carl Milles, die Besucher willkommen. Das kulturhistorische Museum dokumentiert das tägliche Leben der Schweden im Laufe der Jahrhunderte: wie man wohnte, welche Kleidung getragen wurde und welche Traditionen man pflegte.
djurgårdsvägen 6-16, www.nordiskamuseet.se, telefon: 08 51954600, geöffnet: täglich 10.00-17.00, mi bis 20.00 (außer juni-aug.), eintritt: 100 sek, mi nach 17.00 frei (außer juni-aug.), bus: 44 oder straßenbahn: 7 nordiska museet

(18) **Rosendals Slott** wurde von 1823 bis 1827 für Karl XIV. Johann erbaut und ist ein bedeutendes Beispiel für den Empirestil in Schweden. In Anspielung auf den König wurde dieser Stil in Schweden Karl-Johan-Stil genannt. Im Sommer zog sich der König immer mit seiner Familie in dieses Schloss zurück.
rosendalsvägen 49, www.kungahuset.se, telefon: 08 4026130, geöffnet: führung: juni-aug. di-so 12.00, 13.00, 14.00 & 15.00, eintritt: 100 sek, straßenbahn: 7 bellmansro

(21) Wenn Sie Interesse an außereuropäischen Ländern, Völkern, Bräuchen und Gebrauchsgegenständen haben, ist das **Etnografiska Museet** einen Besuch wert. Neben einer beeindruckenden Dauerausstellung gibt es regelmäßig Sonderausstellungen. Im Japanischen Teehaus kann man im Sommer an einer japanischen Teezeremonie teilnehmen.
djurgårdsbrunnsvägen 34, www.etnografiska.se, telefon: 010 4561299, geöffnet: di & do-so 11.00-17.00, mi 11.00-20.00, eintritt: 80 sek, bus: 69 museiparken

(22) Im **Tekniska Museet** staunt man über frühere und aktuelle technische Erfindungen. Man kann selbst experimentieren und Versuche durchführen. Ein Spaß für Kinder! Technisch herausragend ist das hauseigene 4-D-Kino.
museivägen 7, www.tekniskamuseet.se, telefon: 08 4505600, geöffnet: mo-di & do-so 10.00-17.00, mi 10.00-20.00, eintritt: 120 sek, mi nach 17.00 frei, bus: 69 museiparken

⑬ NORDISKA MUSEET

(23) Ein Land mit so viel Wasser und einer Hauptstadt, die auf Inseln zwischen Mälaren und der Ostsee erbaut wurde, muss eine lange und aufregende Seefahrtgeschichte haben. Das **Sjöhistoriska Museet** zeigt alles zum Thema Schifffahrt: Schiffbau, Modelle, Navigationssysteme, das Leben auf See, Piraten und Waffen. Der klassizistische Bau aus dem Jahr 1938 stammt vom gleichen Architekten wie das Rathaus, Ragnar Östberg.
djurgårdsbrunnsvägen 24, www.sjohistoriska.se, telefon: 08 51954900, geöffnet: di-so 10.00-17.00, eintritt: frei, bus: 69 sjöhistoriska museet

(29) Das **Östasiatiska Museet** wartet mit einer Kunstkollektion aus dem Fernen Osten mit Schwerpunkt China auf. Ausgestellt sind unter anderem Porzellan, Kalligrafie und Malerei aus der Zeit der chinesischen Kaiser. Die Sonderausstellungen haben manchmal so überraschende Themen wie japanische Tattookunst.
tyghusplan, www.ostasiatiska.se, telefon: 010 4561297, geöffnet: di 11.00-20.00, mi-so 11.00-17.00, eintritt: 80 sek, bus: 65 östasiatiska museet

(30) Moderne Kunst von Publikumslieblingen wie Lichtenstein, Warhol, Dalí, Picasso und Matisse, aber auch von weniger bekannten Künstlern wird im **Moderna Museet** gezeigt. Im "Garten" des Museums steht die Figurengruppe *Le paradis fantastique* von Niki de Saint Phalle und Jean Tinguely (1966).
exercisplan 4, www.modernamuseet.se, telefon: 08 52023500, geöffnet: di & fr 10.00-20.00, mi-do & sa-so 10.00-18.00, eintritt: 120 sek, 180 sek für ein kombiticket mit dem arkitektur- och designcentrum, bus: 65 moderna museet

(32) Das **Arkitektur- och designcentrum** ist ein Muss für Architekturfans und ein Treffpunkt von Architekten, Designern und Kennern. Man bekommt gar nicht genug von all den Objekten, Skizzen, Zeichnungen, Modellen und Fotos von Gebäuden und Baustilen aus aller Welt. Neben der Dauerausstellung finden hier auch thematische Sonderausstellungen statt.
exercisplan 4, www.arkdes.se, telefon: 08 58727000, geöffnet: di 10.00-20.00, mi-so 10.00-18.00, eintritt: 80 sek, freitags nach 16.00 frei, 180 sek für ein kombiticket mit dem moderna museet, bus: 65 arkitekturmuseet

Essen & Trinken

(3) Jahrelang gehörte **Oaxen** zu den besten Restaurants Schwedens. Das auf einer Insel vor Stockholm gelegene Lokal, das nur mit der Fähre erreichbar war, wurde 2011 geschlossen. Die Inhaber suchten eine neue Herausforderung und wurden unweit der Brücke nach Beckholmen fündig. Hier eröffneten Sie den gehobenen Sterneanwärter **Oaxen krog** und das Bistro **Oaxen slip**. Kulinarischer Schwerpunkt bei beiden: die nordische Küche.
beckholmsvägen 26, www.oaxen.com, telefon: 08 55153105, geöffnet: slip di-so 12.00-16.00 & 17.00-23.00, krog di-sa ankunft zwischen 18.00 und 20.00, preis: slip 200 sek, mittagessen 170 sek, krog sechs-gänge-menü 1650 sek, bus: 44 oder straßenbahn: 7 skansen

(7) Der Eingang des Cafés **Blå Porten** ist leicht zu übersehen und befindet sich direkt neben der Liljevalchs Konsthall. Das Café hat einen riesigen Innenhof, wo man prima lunchen kann. Unbedingt probieren: die köstlichen Torten.
djurgårdsvägen 64, www.blaporten.com, telefon: 08 6638759, geöffnet: mi & fr-mo 11.00-19.00, di & do 11.00-21.00, preis: 140 sek, bus: 44 oder straßenbahn: 7 liljevalchs/gröna lund

(9) Im **Spritmuseum** (Alkoholmuseum), das sich in zwei alten Lagerhallen in bester Lage am Wasser befindet, steht die Historie des Alkohols in Schweden im Mittelpunkt. Große Besonderheit: Das Museum verfügt über ein Restaurant, wofür man eigens einen Spitzenkoch engagierte. Gehobene Gerichte, eine umfangreiche Getränkekarte, große Fenster mit Blick auf Wasahamnen und eine fantastische Terrasse machen den Besuch zu einem wahren Erlebnis.
djurgårdsvägen 40, www.spritmuseum.se, telefon: 08 12131309, geöffnet: mi-mo 10.00-17.00, di 10.00-22.00, preis: mittagessen 170 sek, bus: 44 oder straßenbahn: 7 liljevalchs/gröna lund

(12) An lauen Sommertagen und -abenden lässt es sich auf der Terrasse des **Josefina** gut aushalten. Gemütliche Loungesofas, ein Glas Rosé und relaxte Musik. Die Palmen sind zwar etwas kitschig, lassen aber tropisches Urlaubsfeeling aufkommen.
galärvarvsvägen 10, www.josefina.nu, telefon: 08 6641004, geöffnet: mai-mitte sept. täglich 10.00-1.00, preis: 230 sek, bus: 44 oder straßenbahn: 7 nordiska museet

⑮ In dem Gebäude Skånska gruvan befindet sich das Restaurant **Flickorna Helin & Voltaire**. Hier kommen Naschkatzen voll auf ihre Kosten: Köstliche Torten und Kuchen stehen auf der Theke, mittags gibt es Suppe, Salate und Brot. *rosendalsvägen 14, www.helinvoltaire.com, telefon: 08 6645108, geöffnet: mo-sa 9.00-17.00, so 10.00-17.00, preis: mittagessen 85 sek, bus: 44 oder straßenbahn: 7 nordiska museet*

⑯ Im **Rosendals Trädgård** wird alles angebaut: Gemüse, Obst und Blumen, möglichst biologisch und biodynamisch. **Rosendals Trädgårdskafé** serviert Lunch mit Zutaten aus eigenem Garten sowie Gebäck aus eigener Backstube. *rosendalsterrassen 12, www.rosendalstradgard.se, telefon: 08 54581270, geöffnet: mai-sept. täglich 11.00-17.00, für die restlichen monate siehe website, preis: mittagessen 85-125 sek, straßenbahn: 7 bellmansro*

⑲ DJURGÅRDSBRUNN BAR & RESTAURANG

⑲ An Wochenenden trifft man sich im **Djurgårdsbrunn bar & restaurang** zum mediterranen Brunch. Doch auch unter der Woche lohnt sich ein Besuch, denn auf der Terrasse kann man prima Kaffee oder etwas anderes trinken. *djurgårdsbrunnsvägen 68, www.djurgardsbrunn.com, telefon: 08 6242200, geöffnet: siehe website, preis: 225 sek, mittagessen 185 sek, brunch 245 sek, bus: 69 djurgårdsbrunn*

⑳ **Stockholms Roddförening Café** befindet sich in dem 1913 erbauten Vereinsheim des Rudervereins. Vor allem im Sommer ein Muss, wenn man auf der gemütlichen Terrasse direkt am Wasser einen *fika* mit einer *kanelbulle* genießen kann. Ein wunderbarer Ort für eine kleine Verschnaufpause. *lidovägen 22, telefon: 08 6610144, geöffnet: täglich apr.-sept. 10.30-16.30, okt.-märz 10.30-15.30, preis: kaffee mit bulle 40 sek, bus: 69 djurgårdsbrunn*

(24) Die Holzstege von **Strandbryggan** wippen leicht auf und ab, wenn ein Boot entlangfährt. Werfen Sie einen Blick auf die Luxusjachten, die hier ankern, und lassen Sie mit einem Drink in der Hand das wundervolle Djurgården auf sich wirken.
strandvägskajen 27, www.strandbryggan.se, telefon: 08 6603714, geöffnet: apr.-sept. täglich 10.00-1.00, preis: 110-275 sek, bus: 69 oder straßenbahn: 7 djurgårdsbron

(26) **B.A.R.** (Blasieholmens Akvarium o Restaurang) ist ein Fischrestaurant in Stockholm, in dem man mehr als nur leckeren Fisch bekommt. Man wählt sich seinen Fisch oder Krebs aus einer Kühltheke (wie im Fischladen) oder aus dem Hummerbecken aus. Nach dem Essen kann man noch gemütlich sitzen bleiben. Besonders am Wochenende sollte man reservieren. Und wer sein Lieblingsessen lieber mitnehmen will, kann das auch tun.
blasieholmsgatan 4a, www.restaurangbar.se, telefon: 08 6115335, geöffnet: mo-fr 11.30-14.00 & 17.00-1.00, sa 16.00-1.00, so 17.00-21.00, bar und take-away mo-fr 10.00-1.00, sa 16.00-1.00, so 17.00-21.00, preis: je nach fang, t-bana: östermalmstorg oder kungsträdgården

(27) Im Grand Hôtel führt **Mathias Dahlgren** zwei Restaurants, von denen die mit einem Michelin-Stern ausgezeichnete **Matbaren** noch einigermaßen erschwingliche Preise aufweist. In diesem modernen Bistro entsprechen die Portionen einem Zwischengericht, verarbeitet werden nur erlesene Zutaten. Probieren Sie mal Rentier-Sashimi oder *salmalax* (Lachs) mit Topinamburcreme.
södra blasieholmshamnen 6, www.mathiasdahlgren.com, telefon: 08 6793584, geöffnet: mo-fr 12.00-14.00, mo-sa 18.00-0.00, preis: 145-295 sek, t-bana: östermalmstorg oder kungsträdgården

(34) Das im Industriestil eingerichtete Restaurant **Hjerta** ("Herz") liegt in einer kleinen ehemaligen Torpedofabrik. Von der Terrasse aus hat man einen tollen Blick auf das Wasser. Das Brot wird im eigenen Steinofen gebacken, der Fisch ist selbst geräuchert. Im Mittelpunkt aber steht die ländliche Traditionsküche.
slupskjulsvägen 28b, www.restauranghjerta.se, telefon: 08 52023670, geöffnet: jan.-apr. & okt.-nov. mo-fr 11.30-14.00, mai-sept. täglich 11.00-23.00, dez. nur weihnachtsbüfett, preis: 230 sek, mittagessen 120 sek, bus: 65 moderna museet

⑰ ROSENDALS TRÄDGÅRDSBUTIK

Shoppen

⑥ Vor dem Haupteingang von Skansen liegt **Skansenbutiken**. Hier werden Souvenirs und schwedisches Design in Hülle und Fülle angeboten: Neben dem traditionellen *dalahäst*-Pferdchen gibt es auch Schlüsselanhänger, Buttermesser, Untersetzer mit Elch-Motiv.
skansen, links vor dem haupteingang, www.skansen.se, telefon: 08 4428268, geöffnet: täglich, für öffnungszeiten siehe website, bus: 44 oder straßenbahn: 7 skansen

⑰ In **Rosendals Trädgårdsbutik** können Sie außer Gemüse und Obst aus dem eigenen Garten auch selbst gemachte Säfte, Marmelade, Kräutertee und Honig kaufen. In der Sommersaison darf man selbst Blumen pflücken, und im Dezember macht ein stimmungsvoller Markt Lust auf Weihnachten.
rosendalsterrassen 12, www.rosendalstradgard.se, telefon: 08 54581270, geöffnet: mai-sept. täglich 11.00-17.00, für die restlichen monate siehe website, straßenbahn: 7 bellmansro

㉕ 1924 gründete Estrid Ericson einen Laden, in dem sie hauptsächlich Zinnprodukte wie Teller und Schalen verkaufte. Daher der Name **Svenskt Tenn** ("tenn" bedeutet Zinn). Um ihr Sortiment auszuweiten, ging sie zehn Jahre später eine Kooperation mit dem Textildesigner Josef Frank ein. Auch heute noch verwenden ihre Nachfolger Franks Entwürfe für Stoffe und elegante Polstermöbel – die meistverkauften Gegenstände des Ladens.
strandvägen 5, www.svenskttenn.se, telefon: 08 6701600, geöffnet: mo-fr 10.00-18.30, sa 10.00-17.00, so 12.00-16.00, t-bana: östermalmstorg

㉛ Die **Moderna Museet Butik** ist der Shop im Moderna Museet, in dem man auch ohne Museumsbesuch vorbeischauen kann. Natürlich findet man hier eine große Auswahl an Kunstbüchern und -karten, aber auch schöne Designerprodukte.
exercisplan 4, www.modernamuseet.se, telefon: 08 52023506, geöffnet: di & fr 10.00-20.00, mi-do & sa-so 10.00-18.00, bus: 65 moderna museet

② GRÖNA LUND

Stockholm live

① **Djurgårdsfärjan** ist die Fähre zwischen Slussen und Djurgården. Das ist nicht nur die schnellste, sondern auch die schönste Art, um nach Djurgården zu kommen. Manchmal gibt es einen Zwischenstopp in Skeppsholmen. Vom Boot aus hat man eine tolle Aussicht auf Gamla Stan, Slussen und Södermalm.
slussen - allmänna gränd, www.waxholmsbolaget.se, telefon: 08 6795830, geöffnet: täglich jede 20 minuten (mai-aug. auch öfter), preis: 25 sek mit der sl-accesskarte (siehe seite 8), t-bana: slussen

② **Gröna Lund** ist seit über 100 Jahren ein beliebter Vergnügungspark. Es gibt dort romantisch-altmodische Fahrgeschäfte wie das Kettenkarussell, das teilweise über dem Wasser schwebt, und spektakuläre Adrenalin-Attraktionen wie einen freien Fall aus 80 Meter Höhe. Tipp: In der Hochsaison finden im Park regelmäßig Konzerte statt.
lilla allmänna gränd 9, www.gronalund.com, telefon: 010 7089100, geöffnet: mai-sept., öffnungszeiten siehe website, eintritt: 110 sek (konzerte 220 sek) & 20 sek für 1-4 coupons je attraktion, bus: 44 oder straßenbahn: 7 gröna lund

④ **Beckholmen** ist eine kleine Insel von großer kulturhistorischer Bedeutung. Einen guten Eindruck von der Insel bekommt man, wenn man dem Beckholmsstigen folgt. Zum Teil hat man dann Blick auf die Docks, die nach wie vor in Betrieb sind und in denen alte Segel- und Dampfschiffe restauriert werden. Das älteste Dock stammt aus dem Jahr 1850. Links und rechts vom Weg stehen gelegentlich Texttafeln, die über Beckholmen informieren, zum Beispiel über die Kräne am Südufer oder die Seeadler, die im Winter zu sehen sind.
beckholmen, bus: 44 oder straßenbahn: 7 skansen

⑪ Im **Junibacken** werden alle Geschichten aus Astrid Lindgrens Büchern lebendig. Fliegen Sie mit Karlsson über die Dächer, ertappen Sie Michel bei seinen Streichen, treffen Sie Ronja Räubertochter und besuchen Sie die Villa Kunterbunt.
galärvarvsvägen, www.junibacken.se, telefon: 08 58723000, geöffnet: öffnungszeiten siehe website, eintritt: 159 sek, bus: 44 oder straßenbahn: 7 nordiska museet

(14) Die Natur auf Djurgården zu Fuß zu genießen ist ein grandioses Erlebnis. Bei Djurgårdsbrons Sjöcafé kann man auch ein **Kanu oder Fahrrad ausleihen**. Paddeln Sie an einem schönen Sommertag durch Djurgårdsbrunnsviken, um die Schönheit der Natur vom Wasser aus zu genießen. Wenn Sie noch mehr von der Insel sehen wollen, nehmen Sie einfach das Rad.
galärvarvsvägen 2, www.sjocafeet.se, telefon: 08 6605757, geöffnet: apr.-sept. täglich 9.00-21.00, preis: kajak 125 sek/std. oder 400 sek/tag, fahrrad 80 sek/std. oder 250 sek/tag, bus: 69 oder straßenbahn: 7 djurgårdsbron

(28) Sightseeing kann man auf verschiedene Arten unternehmen, eine der spektakulärsten ist sicher die **Bootsfahrt** durch den Skärgård auf einem RIB-Boot. Man bekommt wasserdichte Kleidung, eine Schwimmweste und eine Brille und düst anschließend mit 45 Knoten über das Wasser. Hinweis: nur nach Voranmeldung.
museikajen 1, www.ribsightseeing.se, telefon: 08 202260, geöffnet: mitte mai-mitte sept. sa 11.00, 13.00 & 15.00, so 13.00, juli-mitte aug. auch do-fr 13.00, dauer: 1,5 std., preis: 475 sek, t-bana: kungsträdgården

(33) **Kastellholmen** ist über eine Brücke mit Skeppsholmen verbunden. Die kleine Insel ist sehr grün und weist nur ein Gebäude auf, ein Kastell. Finden in dem prächtigen Gemäuer Feste statt, dann werden noch immer Salutschüsse abgefeuert. Die Felsen entlang der Küste sind geradezu ideal, um ausgiebig zu entspannen. Schauen Sie mal über das Wasser nach Djurgården und achten Sie auf die kreischenden Menschen in der Achterbahn auf Gröna Lund.
kastellholmen, bus: 65 kastellholmsbron

KASTELLHOLMEN (33)

Djurgården & Skeppsholmen

SPAZIERGANG 6 (12,5 km)

Wollen Sie ein Museum besuchen, dann bedenken Sie, dass einige Museen montags geschlossen sind oder spezielle Öffnungszeiten haben. Interessiert Sie mehr die Natur, dann genießen Sie Djurgården. Bei Slussen die Fähre (1) nehmen. Gröna Lund (2) liegt gleich am Anfang. Über die Lilla Allmänna Gränd zum Wasser gehen, links abbiegen und am Wasser entlanggehen, vorbei an den Holzhäuschen zu Ihrer Linken. Bei der Brücke eine Essenspause einlegen (3), bevor Sie die Docks von Beckholmen (4) besuchen. Weiter über den Beckholmsvägen und Djurgårdsslätten Richtung Skansen (5) (6). Danach dem Djurgårdsvägen folgen, um etwas zu trinken (7). Gleich nebenan befindet sich die Liljevalchs Konsthall (8). Dann links und wieder rechts Richtung Spritmuseum (9). Am Wasser entlanggehen und über den Holzweg zum Vasamuseet (10). Wollen Sie mehr über Astrid Lindgren erfahren? Dann dem Wasser weiter folgen (11). Rechts abbiegen, um bei Josefina (12) zu lunchen. Das schöne Gebäude, das Sie jetzt sehen, ist das Nordiska Museet (13). Weiter geht es Richtung Brücke. Kurz davor können Sie ein Rad oder Kanu ausleihen (14). Durch das blaue Tor gehen und dem Weg am Wasser entlang folgen, um Kuchen zu essen (15). Danach rechts in den Sirishovsvägen, um über die Rosendalsterrassen links zum Rosendals Trädgård (16) (17) zu gelangen. Weiter geht es über den Rosendalsvägen in Richtung Schloss (18). Noch Zeit übrig? Dann spazieren Sie den Kärleksstigen entlang ("Liebespfad", siehe S. 138). Ansonsten den Weg links am Schloss vorbei nehmen und beim Wasser rechts gehen. Nach der nächsten Brücke wartet eine Erfrischung (19). Dem Lidovägen folgen und eine *kanelbulle* kaufen (20). Etwas weiter links in den Folke Bernadottes Väg biegen, an dem einige Museen liegen (21) (22) (23). Dem Wasser weiter folgen, Diplomatstaden und den Nobelparken durchqueren und bei der Brücke eine Pause einlegen (24). Am Strandvägen befindet sich Svenskt Tenn (25). Den Boulevard bis zum Nybroplan nehmen und den Raoul Wallenbergs Torg überqueren. Die Arsenalsgatan entlanglaufen und in der ersten Straße links Fisch essen (26). Über die Hovslagargatan (rechts) erreichen Sie den Blasieholmshamnen, wo Sie rechts etwas essen (27) und links eine Bootsfahrt (28) machen können. Die Brücke nach Skeppsholmen überqueren, um Museen zu besuchen (29) (30) (31) (32). Dem Südkai folgen, um Kastellholmen (33) zu besichtigen. Den Spaziergang bei Hjerta (34), an der Nordseite von Skeppsholmen, abschließen.

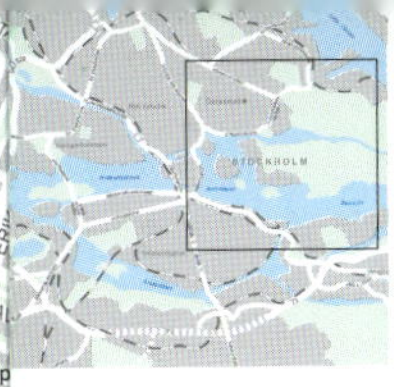

6

1 Djurgårdsfärjan
2 Gröna Lund
3 Oaxen Krog/Oaxen Slip
4 Beckholmen
5 Skansen
6 Skansenbutiken
7 Blå Porten
8 Liljevalchs Konsthall
9 Spritmuseum
10 Vasamuseet
11 Junibacken
12 Josefina
13 Nordiska Museet
14 Kanu oder Fahrrad mieten
15 Flickorna Helin & Voltaire
16 Rosendals Trädgårdskafé
17 Rosendals Trädgårdsbutik
18 Rosendals Slott
19 Djurgårdsbrunn bar & restaurang
20 Stockholms Roddförening Café
21 Etnografiska Museet
22 Tekniska Museet
23 Sjöhistoriska Museet
24 Strandbryggan
25 Svenskt Tenn
26 B.A.R.
27 Mathias Dahlgren/Matbaren
28 Bootsfahrt
29 Östasiatiska Museet
30 Moderna Museet
31 Moderna Museet Butik
32 Arkitektur- och designcentrum
33 Kastellholmen
34 Hjerta

Noch Zeit übrig?

EXTRA **TIPPS**

Wenn Sie den im Guide beschriebenen Spaziergängen folgen, kommen Sie an zahlreichen Sehenswürdigkeiten vorbei. Es gibt aber natürlich noch vieles zu sehen, das nicht in die Spaziergänge aufgenommen werden konnte. Unten finden Sie eine Aufstellung. Einiges davon befindet sich nicht in Laufweite des Zentrums. Mit öffentlichen Verkehrsmitteln sind aber alle Orte gut erreichbar. Die Buchstaben der Sehenswürdigkeiten finden Sie vorne in der Übersichtskarte wieder.

Ⓐ **Hornstull** liegt im westlichen Teil der Insel Södermalm und ist eine aufstrebende Gegend, was nicht nur daran liegt, dass vor Kurzem ein attraktives Einkaufszentrum (Ecke Långholmsgatan und Hornsbruksgatan) seine Türen geöffnet hat. Das Viertel beherbergt auch ein Filmtheater (Bio Rio, Hornstulls strand 3) und einige tolle Lokale. Unsere Tipps: Guten *fika* gibt es bei **Vurma** (Bergsunds strand 31) und **Copacabana** (Hornstulls strand 3), leckeres Essen bei **Judit & Bertil** (Bergsunds strand 38). In Hornstull befindet sich auch einer der besten Inder der Stadt, **Indian Garden** (Heleneborgsgatan 15). Zum Ausgehen bietet sich **Debasers Calexico's** (Hornstulls strand 9) an, wo man bei Bier und Tacos Livemusik lauschen kann. Wer ein Faible für Secondhanddesign und Kuriosa hat, ist bei **Dusty Deco** (Hornstulls strand 7) richtig. Von Mai bis September findet am Hornstulls strand ein **Sonntagsmarkt** statt, auf dem vor allem Vintage und Essen angeboten wird.
hornstull, t-bana: hornstull

Ⓑ **Långholmen** ist eine waldreiche, dünn besiedelte Insel. Ein ehemaliges Gefängnis gehört zu den wenigen Gebäuden dort. Es wurde zu einem Hotel umgebaut, aber einige der alten Zellen sind noch im Originalzustand erhalten und können besichtigt werden. Die Insel ist ideal, um in Ruhe ein paar Stunden unberührte Natur und irgendwo einen Kaffee zu genießen. An warmen Tagen gibt es zwei empfehlenswerte Plätze zum Sonnenbaden und Schwimmen: den idyllischen Sandstrand westlich von Västerbron und die etwas felsige Küste östlich der Brücke.
långholmsmuren 20, www.langholmen.com, telefon: 08 7208500, geöffnet: museum täglich 11.00-16.00, preis: 25 sek, hotelgäste frei, bus: 4, 40, 66 långholmen

STOCKHOLMS SKÄRGÅRD Ⓔ

Ⓒ Wer etwas Zeit übrig hat, sollte diesen Spaziergang unternehmen (Dauer etwa eine Stunde). Startpunkt ist Hornstulls strand. Danach geht es am Südufer entlang von Söder bis nach Barnängsbryggan, wo Sie die kostenlose Fähre nach **Hammarby Sjöstad** nehmen. Diese Gegend war einst ein Gewerbegebiet. Die alten Kräne erinnern noch an jene Zeit. In den 1990er-Jahren entstanden Apartmenthäuser und heute ist Hammarby Sjöstad eine beliebte Wohngegend. Zum Brunchen empfiehlt sich das **Göteborg** (Midskeppsgatan 31), für ein Abendessen das **Bistro Sjöstad** (Ljusslingan 24), und wer nur ein Bier und einen Snack braucht, der wird sich in der Brauerei **Nya Carnegiebryggeriet** (Ljusslingan 15) wohlfühlen.
hammarby sjöstad, (kostenlose) fähre: barnängsbryggan - lumabryggan (3 min.)

Ⓐ HORNSTULL

Ⓓ Naturliebhaber und Vogelfreunde mit etwas mehr Zeit für einen Spaziergang auf Djurgården sollten sich den **Kärleksstigen** ("Liebespfad") vornehmen. Der Wanderweg – ein Hochzeitsgeschenk des WWF an Kronprinzessin Victoria und Prinz Daniel – führt durch den Wald, vorbei an einem vogelreichen Sumpfgebiet und Weideland mit Rindern. Der Weg ist zwar nur 390 Meter lang, ist aber Teil einer längeren Strecke. So finden Sie den Liebespfad: Bei der Bushaltestelle die Brücke überqueren, links am Wasser entlanggehen, bis Sie rechts das Schild "Kärleksstigen" sehen.
kärleksstigen, bus: 69 djurgårdsbrunn

Ⓔ **Stockholms Skärgård**, also die Schärenküste vor Stockholm, besteht aus unbewohnten Inseln, deren Anzahl man auf 24.000 bis 30.000 schätzt. Im Sommer ist der Skärgård ein beliebtes Urlaubs- und Ausflugsziel. Hier gibt es unendlich viel zu erleben: Inselhopping, Zelten, Schwimmen, Fischen, Kanufahren und Sonnenbaden sind nur einige der vielen Freizeitmöglichkeiten. Übrigens: Auch im Winter ist es hier fantastisch. Von Stockholms Zentrum aus können Sie ein Boot Richtung Vaxholm, Grinda, Sandhamn oder Finnhamn nehmen, wo sich auch ein Informationszentrum befindet. Fahrkarten gibt es an Bord der Schiffe. Auf ins Inselvergnügen!
strömkajen, www.waxholmsbolaget.se, telefon: 08 6795830, geöffnet: täglich 7.00-18.00, im sommer länger, preis: ab 75 für eine einfache fahrt, t-bana: östermalmstorg oder kungsträdgården

Ⓕ **Drottningholm** ist UNESCO-Weltkulturerbe. In dem Südflügel des barocken Schlosses aus dem 17. Jahrhundert wohnt die Königsfamilie. Außergewöhnlich ist auch das Schlosstheater aus dem Jahr 1766. Im Sommer finden hier Opernaufführungen statt, bei denen noch immer handgemalte Dekors zum Einsatz kommen. Die gesamte Technik ist noch im Originalzustand und wird per Hand bedient. Wer Glück hat, darf während der Führung hinter die Kulissen blicken. Im Park kann man den chinesischen Pavillon bewundern, ein Geschenk von König Adolf Friedrich an seine Frau Luise Ulrike zu ihrem Geburtstag 1753.
drottningholm, www.kungahuset.se, www.stromma.se, telefon: 08 4026280, öffnungszeiten und preise siehe website, t-bana brommaplan, dann bus: 176, 177, 301-323 nach drottningholm, von mai bis okt. fährt vom stadshusbron ein dampfschiff nach drottningholm

Ⓖ **Hagaparken** ist Teil des Ekoparken, des königlichen Stadtparks. Der Park ist im englischen Stil angelegt. Im Gegensatz zu den formalen Barockgärten des 18. Jahrhunderts ließ sich Gustav III. bei der Anlage des Parks von der Natur selbst inspirieren. Im Park steht **Schloss Haga** (Haga Slott), in dem Kronprinzessin Victoria wohnt. Es ist ein schlichtes, aber hübsches Schloss aus dem 19. Jahrhundert. Ferner befinden sich im Park noch der **Pavillon Gustav III**, einige Schlossruinen, der **Ekotemplet** (ein Tempel für sommerliche Gelage), **Koppartälten** (der frühere Marstall, der heute ein Café und ein Museum beherbergt) und **Fjärilshuset** (das Schmetterlingshaus). Nach einem Spaziergang können Sie eines der guten Restaurants an der Südseite des Parks besuchen.
hagaparken, www.kungahuset.se, t-bana: odenplan, dann bus: 515 hagaparken

(H) Carl Milles (1875–1955) ist einer der bekanntesten Bildhauer Schwedens, und **Millesgården** war früher sein Haus und Atelier. Im Skulpturengarten rund um das Haus, das auf dem Felsen der Insel Lidingö thront, sind imposante Bronzen und Wasserspiele zu besichtigen. Auch seine Privatsammlung mit Werken aus der Antike ist durchaus sehenswert. Hunger? Millesgården Lanthandel ist der Geheimtipp für einen stilvollen Lunch oder einen *fika.*
herserudsvägen 32, lidingö, www.millesgarden.se, telefon: 08 4467594, geöffnet: mai-sept. täglich 11.00-17.00, okt.-apr. di-so 11.00-17.00, eintritt: 150 sek, t-bana: ropsten, danach lidingöbanan: nach torsvik oder ab opsten bus: 203 oder 207 nach forresta/millesgården

(I) Im **Naturhistoriska Riksmuseet** erfahren Sie alles über die schwedische Natur, das Entstehen des Menschen, das Leben auf der Erde und im Meer sowie über das Klima. Die Hauptattraktion des Museums ist das Cosmonova, ein IMAX-Kino, in dem (3-D-)Filme über Seemonster, Dinosaurier und das Sonnensystem gezeigt werden.
frescativägen 40, www.nrm.se, telefon: 08 51954000, geöffnet: di-fr 10.00-18.00, sa-so 11.00-18.00, ende juni-anfang aug. auch mo 10.00-18.00, eintritt: museum 100 sek, cosmonova je nach filmdauer, t-bana: universitetet

(J) Der Friedhof **Skogskyrkogården** gehört zum UNESCO-Weltkulturerbe, weil er ein sehr gelungenes Beispiel für die Einheit von Landschaft und Architektur ist. Dieser Friedhof wurde von den Architekten Gunnar Asplund und Sigurd Lewerentz zwischen 1917 und 1940 angelegt. Asplund liegt hier selbst begraben, ebenso die Schauspielerin Greta Garbo. Vor allem in der Zeit um Allerheiligen herum ist die Atmosphäre bezaubernd: Es wird früh dunkel, und dann leuchten unzählige Kerzen auf den Gräbern. Grund für zahlreiche Einheimische, dem besonderen Friedhof einen Besuch abzustatten.
haupteingang sockenvägen, www.skogskyrkogarden.se, telefon: 08 50831730, führung: auf anfrage, t-bana: skogskyrkogården

DROTTNINGHOLM (F)

(K) **Magasin III** ist eine Kunsthalle für zeitgenössische Kunst, die sich auch über die Grenzen Schwedens hinaus einen Namen erworben hat. Hier werden Wechselausstellungen namhafter Künstler gezeigt, wie zum Beispiel von Ai Weiwei, dem chinesischen Konzeptkünstler und Regimekritiker, der 2012 seine Werke ausstellte. Auf der langen Liste der Aussteller steht auch die deutsche Künstlerin Cosima von Bonin. Die Halle befindet sich in der ersten Etage eines alten Hafengebäudes und ist mit den Aufzügen 3 und 4 erreichbar.
frihamnen, frihamnsgatan 28, www.magasin3.com, telefon: 08 54568040, geöffnet: do 11.00-19.00, fr-so 11.00-17.00, manchmal geschlossen, siehe website, eintritt: 80 sek, bus: 1 frihamnen

Übernachten

TOLLE HOTELS IN UNSEREN LIEBLINGSSTADTTEILEN

Ein bequemes Bett, ein leckeres Frühstück und eine schöne Einrichtung machen ein gutes Hotel aus. Aber mindestens genauso wichtig ist die Lage eines Hotels. Denn der Aufenthalt wird erst richtig perfekt, wenn man von der Lobby direkt in ein lebendiges Stadtviertel eintauchen kann.

Auf **www.100travel.de** finden Sie eine Übersicht über emfehlenswerte Hotels für jedes Budget. Und natürlich können Sie Ihr Hotel auch direkt über unsere Webseite buchen.

FINDEN UND BUCHEN SIE IHR HOTEL AUF WWW.100TRAVEL.DE

Index

SHOPPEN

STOCKHOLM LIVE

ÜBERNACHTEN

UNTERWEGS

Impressum

Dieser 100% Cityguide wurde mit größter Sorgfalt zusammengestellt. mo media ist nicht verantwortlich für eventuelle inhaltliche Fehler. Anmerkungen können Sie gerne an **mo media GmbH, Elisabethkirchstraße 17, 10115 Berlin** oder an **info@momedia.com** richten.

autorin
Saskia de Leeuw
fotografie
Hans Zeegers, Nancy Lee, Ton van Veghel
übersetzung
bookwerk Köln/München (Überarbeitung), S. Borchert
lektorat
Caroline Kazianka (Überarbeitung, für bookwerk), Tom Seidel/Ulrike Grafberger
schlussredaktion
Annette Steger
konzeptgestaltung
Studio 100%
gestaltung & lithografie
Mastercolors Mediafactory
kartografie
Van Oort Redactie en Kartografie

100% Stockholm
ISBN 978-3-95831-018-6

100% CITYGUIDES

Notizen